DIRECCIÓN: MONCLOA

DIRECCIÓN:
AN INTERMEDIATE CULTURAL/

JERALD R. GREEN

Queens College of the
City University of New York

with photographs by the author

 RAND McNALLY COLLEGE PUBLISHING COMPANY/Chicago

MONCLOA
CONVERSATIONAL READER

77 78 79   10 9 8 7 6 5 4 3 2 1

Copyright © 1977 by Rand McNally College Publishing Company
All Rights Reserved
Printed in U.S.A.
Library of Congress Catalog Number 76-14379

Table of Contents

    Introduction
1. Spanish Show   1
2. La voz de la prensa   12
3. Diversiones y pasatiempos   20
4. Noticiario   36
5. El español medio   43
6. El automovilismo   54
7. El coste de la vida   62
8. Asuntos Exteriores   73
9. Los deportes y la fiesta brava   90
10. El turismo   104
11. La educación   115
12. ¡Hay que ganarse la vida!   130
13. La comida   144
14. Watergate en la prensa española   156
15. Cosas del idioma   166
    Appendix   185
    Vocabulario   188

For Mildred

Introduction

Dirección: Moncloa is an intermediate-level cultural and conversational reader. It was conceived and designed to accompany the basic grammar textbook or the review grammar text in the third or fourth semester of the college-level sequence or in the third or fourth year of the secondary-level sequence. In courses composed partly or entirely of second foreign-language learners, *Dirección: Moncloa* would be appropriate at an earlier point. In special-purpose courses such as the increasingly popular intensive language courses and in courses such as *Spanish for the Spanish-Speaking, Dirección: Moncloa* can be used with profit at whatever point the students can manipulate the reading vocabulary basic to one year (two semesters) of college-level Spanish. Although created as a logical sequel to *Dirección: Tacuba* (Rand McNally, 1976), *Dirección: Moncloa* may be adopted and used independently.

The objective of *Dirección: Moncloa* is to provide students who have received their first formal exposure to Spanish grammar and Hispanic culture with a vehicle for expanding their conversational and reading skills and for deepening their understanding of the Hispanic world. This objective is accomplished by (1) the choice of the chapter themes and the selection of the reading passages included therein; (2) the unusual exercises designed to encourage students to discuss the content and the implications of the content of the reading selections; (3) the cultural content of the reading selections; and (4) the nature and the quality of the photographs and the illustrative material. Considerable effort has been made to avoid the many pitfalls often associated with readers of this type particularly in the choice of the readings and their attractiveness to young readers. Although some selections could be considered of a literary or essayistic nature, most are characterized by a decidedly popular and journalistic style. The style and the content of the selections are fully compatible with the objective of *Dirección:*

Moncloa: to present the Hispanic world as it is today—a vital and rapidly evolving product of many yesterdays.

Dirección: Moncloa derives its title from one of the lines of the busy Madrid subway system. The choice of the Moncloa station was an arbitrary selection although it is the station that serves thousands of *universitarios* on their way to and from the university. *Dirección: Moncloa* takes the reader on an imaginary *recorrido* that symbolizes the cultural diversity of the Spanish-speaking communities whose newspapers and magazines are reprinted in this book.

The readings in *Dirección: Moncloa* have been selected from contemporary print sources from all over the Spanish-speaking world. Not only the prestigious and influential daily newspapers of the great capitals and the glossy pages of the weekly and monthly magazines are represented, but also the provincial press and some less well-known periodicals. The readings were selected for their intrinsic interest, their readability, and their representativeness. A major feature of this cultural/conversational reader is the enormous variety of reading material available to the student—from a letter to the editor written by an irate reader to a published warning to those who would infringe on copyrights. Predictably, the readings differ greatly from one another with respect to theme, style, and tone. They have been selected because they reflect the cultural pluralism, the economic struggle, and the political volatility characteristic of a geographically vast and increasingly populous part of the modern world.

Dirección: Moncloa is not unlike a Spanish-language magazine for sale at kiosks anywhere in the Spanish-speaking world. Each chapter deals with a theme or subject of major current interest to the Hispanic community, as reflected by the frequency with which the theme occurs and re-occurs in the Spanish-language press. Each of the fifteen chapters contains print material that appeared originally in a Spanish-language publication and that illustrates the central theme of the chapter. The recent black-and-white photographs provide significant cultural information and lend themselves particularly well to classroom discussion. The credibility and the representativeness of the readings endow each of the chapters with a maximum of internal unity and cohesion. *Dirección: Tacuba* and *Dirección: Moncloa* were designed to create the visual impression of Spanish-language weeklies or monthlies, infinitely varied and capable of capturing and holding the attention of readers with a wide range of needs and interests.

The reading selections of *Dirección: Moncloa* appear essentially in the form in which they were published. Because of their length, a number of articles have been abridged slightly. Others have been adapted somewhat to make the vocabulary and the syntax of the original more accessible to intermediate-level students. Marginal glosses have been provided in English to assist the student over some troublesome lexical and cultural obstacles. Few lexical substitutions have been made in the text. It was decided to do as little editorial violence as possible to the original text and to gloss the relatively few low-frequency words and expressions that would present difficulties to intermediate-level students. The order of appearance of the reading selections responds largely to considerations of linguistic and content sophistication. The earlier readings are less challenging with respect to theme and cultural "load." It is recommended, therefore, that the selections be assigned in the order in which they appear in the text. Inasmuch as there exists no thematic unity from chapter to chapter, the instructor may omit any chapter and its corresponding exercises.

The typical chapter of *Dirección: Moncloa* contains three reading selections, each related thematically to the chapter title. Each selection is followed by its own complement of exercises. The exercises which follow each selection are of three types: *Sinónimos,* a vocabulary expansion exercise that requires the student to demonstrate his or her ability to manipulate vocabulary with the same (or similar) meaning; *Cuestionario,* a comprehension exercise that guides the student toward a more complete understanding of the text; and *Sección léxico-cultural,* a completion exercise that requires the student (1) to demonstrate (or seek out) knowledge of explicit and implicit cultural data central to the understanding of the selection and (2) to manipulate new vocabulary by building on known vocabulary (a key with suggested responses is provided in the Appendix). Each chapter concludes with an exercise called *Cuestiones gramaticales,* two grammar exercises suggested by the occurrence in the chapter of grammatical structures that have traditionally proved troublesome to students of Spanish and an exercise called ¡*Las cosas claras!,* two conversation/composition activities—often controversial in nature—designed to encourage and assist intermediate-level students to generate written and spoken Spanish. Students are asked to prepare dialogues, conversations, letters, radio commercials, and television messages inspired by situations that occur in the reading selections. In activities requiring students to generate spoken Spanish, it is hoped that instructors will not hesitate to sacrifice phonological and grammatical accuracy for effective communication.

A book of this type cannot be written without the consent, cooperation, and good will of many people in Hispanic literary circles and from the world of journalism: authors, editors, publishers, photographers, art directors, and public relations personnel. My indebtedness to these people—many of whom I cannot hope to meet personally—is herein expressed publicly. I am similarly grateful to the dozens of subjects who permitted themselves to be photographed by the author and thus enhanced greatly the physical appearance of the book. I wish also to express my appreciation to Judith N. Keith and Charles H. Heinle of Rand McNally College Publishing Co. for their personal and professional support and for their editorial guidance. I also wish to acknowledge with gratitude the careful review and excellent suggestions made by Professor Marcel Andrade of the University of North Carolina at Asheville, Professor Charles W. Stansfield of the University of Colorado, and Professor Kenneth Chastain of the University of Virginia, Charlottesville. Finally, I wish to thank Professor Guillermo Verdín and Mr. Emilio De Torre of Queens College and Sra. Marisa de Verdín for their review of the manuscript and for their invaluable suggestions and recommendations.

J.R.G.

1 Spanish Show

Advertencia

De «SNOOPY» y «CHARLIE BROWN» (CARLITOS)
(Personajes de la serie PEANUTS; Copyright 1950, 1958. United Feature Syndicate, Inc.)

United Feature Syndicate, Inc., de la ciudad de Nueva York (USA), es la propietaria en todo el mundo de los derechos de autor y derechos subsidiarios en relación con los dibujos cómicos «PEANUTS», creados por Charles M. Schulz, e igualmente de los nombres y representaciones de los personajes correspondientes, que son: «SNOOPY», «CHARLIE BROWN» (CARLITOS), «LUCY», «LINUS» y «SCHROEDER». A través de su representante en España, don Aldo Trippini, de United Press International, plaza de las Cortes, 3. Madrid, United Feature Syndicate, Inc., desea advertir a todo el mundo que es ilegal reproducir los dibujos cómicos relativos a los «PEANUTS» en cualquier forma sin contar con la previa autorización escrita de United Feature Syndicate, Inc. Esta compañía está dispuesta a entablar cualesquiera acciones legales le correspondan contra quienes violaran sus derechos respecto a las representaciones de los referidos «PEANUTS».

Todo lo que se venda en España con las representaciones de los citados personajes «PEANUTS» deberá estar autorizado por United Feature Syndicate, Inc., y la existencia de tal autorización se desprende de la indicación respecto al «copyright» a nombre de United Feature Syndicate, Inc, que aparece en cada artículo vendido.

Ciudadano, N° 12, Septiembre, 1974, p. 59, Madrid.

advertencia
warning; notice

derechos de autor
copyright

derechos subsidiarios
subsidiary rights

entablar *to bring, file*

desprenderse de *to be inferred from*

TEATRO LICEO
AVISO

La sala ofrece una temperatura confortable después de solucionada la avería de calefacción que hemos padecido. Pedimos disculpas por la falta de calor los días pasados.

Hoja del Lunes, Salamanca

avería (averiar) failure (mechanical)
calefacción heat
padecer to suffer, endure

LA GRAN TASCA

(De Ballesta, núm. 1)

Comunica a su distinguida clientela, que el famoso

COCIDO MADRILEÑO

se servirá los martes y no los lunes, como hasta ahora se venía haciendo

RESERVEN SU MESA

TELEFONOS

231 00 44 y 221 68 05

APARCAMOS SU COCHE

Informaciones, Madrid

tasca typical Spanish tavern
cocido madrileño Spanish boiled dinner

Courtesy Real Madrid, Club de Fútbol

concurso contest
entidad organization, body
s-n. without street number (**sin número**)
bases rules (contest)

CONCURSO PARA UN HIMNO DEL FUTBOL CLUB BARCELONA

El Fútbol Club Barcelona convoca un concurso de himnos para la próxima celebración del 75 Aniversario de la Entidad.

Las personas interesadas en participar, pueden dirigirse a las Oficinas del Club, Maternidad, 2—Juan XXIII, s-n., para solicitar las bases.

La Vanguardia, Barcelona

**TENEMOS LOS MEJORES
FAISANES DE ESPAÑA
PARA CAZA.**
Teléfono 425 13 99.

ABC, Madrid

**SE VENDEN
Siete ciervas y un ciervo**
Jóvenes   Teléfono 262 66 12

ABC, Madrid

faisán *pheasant*

elegir *to select, elect*

resguardado *sheltered*

espabilado *smart*

EL FRIO DE SALAMANCA

En alguna ocasión en otras provincias españolas puede oirse decir frases parecidas a ésta.

Mandaría con mucho agrado a mis hijos a estudiar a Salamanca por la fama de su Universidad, pero teniendo en cuenta las temperaturas que da el Servicio Meteorológico, es posible elija otra ciudad universitaria.

Sobre este tema se comenta en sitios de reunión de la capital y quizá como frase de réplica, esta o parecida opinión.

Si nosotros, en lugar de tener el observatorio entre Salamanca y Avila, lo tuviésemos entre Salamanca y Portugal, daríamos al Servicio Meteorológico dos o tres grados más de temperatura.

También hay quien afirma que otras capitales tienen el observatorio dentro de la capital y por lo tanto más resguardado del frío al no estar a campo abierto.

Ahora cabe preguntarse: "¿Es cierto que vivimos en una capital de las más frías de la nación? ¿O por el contrario es que son otros más espabilados que nosotros?

ciervo(a) *stag; hind (female deer)*

El Adelanto, Noviembre, 1974 Salamanca.

SE COMPRAN TRAPOS

limpios, para la limpieza de maquinaria. — Razón: Administración de este Periódico.

El Ideal Gallego, La Coruña

trapos *rags*

razón *firm, business name*

PAPEL VIEJO PAGO BIEN EN ESCULTOR GALMES, 3

Diario de Mallorca, Mallorca

CURIOSA SOLICITUD

Una estudiante de Medicina, se presentó ayer en el Ayuntamiento de Málaga, según informa hoy el diario "Sol de España", con una curiosa solicitud. La estudiante, Paloma Lauret Alonso, de primer curso, pide al alcalde, que se la concedan huesos humanos del osario común para con ellos poder estudiar mejor, ya que desde hace algún tiempo la Jefatura de Sanidad, no da autorización para que se entreguen los esqueletos humanos porque el año pasado algunos estudiantes a los que se les entregaron cuando terminaron el curso los tiraron a la basura. La señorita Lauret Alonso, dice que precisa los huesos humanos, porque los de plástico, que también se emplean para el estudio, valen diez o doce mil pesetas. "Habiendo osarios— añade, —es mucho mejor que estudiemos en huesos naturales, reales".

ayuntamiento *city hall; town council*

solicitud *request, application*

osario común *common depository for bones of the dead*

Jefatura de Sanidad *Board of Health*

basura *trash, refuse*

precisar *to need*

Diario de Pontevedra, Pontevedra

† EL SEÑOR
BENITO LADO MANTIEGA
Falleció el día de ayer, después de recibir los SS.SS., a los 65 años de edad.
—— D. E. P. ——
SUS AMIGOS DEL CAFÉ «LA PARRA»,
RUEGAN una oración por el eterno descanso de su alma. El acto de sepelio al cementerio general, se efectuará a las CUATRO y MEDIA de la tarde del día de hoy.
Casa mortuoria: Angel, 3-1.°

La Voz de Galicia, La Coruña, 15 de noviembre, 1974

SS.SS. *Blessed Sacrament (Santísimos Sacramentos)*

D.E.P. *Rest in Peace (Descanse en paz)*

acto de sepelio *burial*

¿TE SIENTES DEPRIMIDO?
Llama al 255940. Teléfono de la Esperanza.

Hoy, Diario Regional de Extremadura

deprimido *depressed, despondent*

Acaba de morir un niño.

UNICEF trata de evitarlo
Joaquín Costa, 61 - Madrid-6

Arriba, Madrid

evitar *to avoid*

LA SEÑORITA DONA BRADY y D. LUIS DE LA GUERRA

COMUNICAN a sus invitados que la ceremonia religiosa de su enlace matrimonial se celebrará hoy, viernes día 27, a las 20 horas, en la iglesia de San Francisco de Borja (PP. Jesuitas), calle Serrano, 104.

No se ha podido celebrar en la basílica de San Francisco el Grande, como se había anunciado, por estar dicha basílica en obras de restauración.—R.

Ya, Madrid

enlace matrimonial *marriage*

PP. *priests* **(Padres)**

ALBERTO RODRIGUEZ RAMIREZ
NILEPTA CAAMAÑO MUECKAY
participan su matrimonio efectuado el 27 de junio.

Julio, de 1975

El Universal, Guayaquil

participar *to communicate, to inform*

Idearium mexicano

idearium (ideario)
ideology, body of knowledge

Por México

Para que México sea una Patria dichosa, próspera y fuerte, debemos ayudarnos unos a otros. Debemos proceder con honradez; respetar el honor y la vida de los demás; respetar la propiedad ajena; no mentir y cumplir siempre con la palabra empeñada.

Para que haya Patria debe existir: confianza entre los habitantes; unión entre los hermanos; gratitud para los padres; protección para los hijos; lealtad para las promesas y cumplimiento de las leyes que rigen la sociedad.

patria *native country*
dichoso *happy*
proceder *to behave; to proceed*
ajeno *another's*
empeñado *pledged, given*
regir *to govern*

La mujer mexicana

Ella hace del hogar la base de una nación grande, fuerte y libre. Es hija digna, esposa abnegada y madre amorosa. Es compañera laboriosa del hombre en las tareas del campo y de la ciudad.

Ha realizado proezas que la historia evoca con respeto. Su decisión y su entereza han estimulado siempre a los patriotas. La mujer mexicana es amor en el hogar, aliento y fuerza en la lucha por la libertad.

digno *worthy*
abnegado *self-sacrificing*
proeza *exploit; prowess*
entereza *integrity*
aliento *encouragement*

El símbolo de la Patria

La bandera es el símbolo de la Patria. Representa la tierra que cultivamos, el amor de los padres que nos conforta, la lección del maestro que nos educa, el cielo que nos cubre, los campos donde trabajamos y jugamos, la sangre de los héroes derramada por la libertad y la pureza en los ideales de todos los hombres.

Para que nuestra bandera ondeara como hoy lo hace, libre y espléndida, fue indispensable que muchos hombres lucharan y murieran. Por todo esto, la bandera debe ocupar siempre un lugar principal y ser objeto de distinción y respeto por parte de los mexicanos.

derramar *to shed; to spill*
ondear *to wave*

Yo puedo hacerlo, Secretaría de Educación Pública, México, D. F.

Sinónimos

- __j__ funeraria
- __f__ acto de sepelio
- __l__ padecer
- __i__ efectuar
- __d__ agrado
- __m__ elegir
- __g__ valer
- __k__ tasca
- __o__ precisar
- __c__ diario
- __e__ autorización
- __h__ morir
- __b__ enlace

- a celebrar
- b matrimonio
- c periódico
- d satisfacción
- e permiso
- f entierro
- g costar
- h fallecer
- i necesitar
- j casa mortuoria
- k taberna
- l sufrir
- m escoger

Cuestionario

1 ¿Qué hace falta hacer para reproducir uno de los personajes de "Peanuts"?

2 ¿Qué es "Peanuts"?

3 ¿Qué cargo tiene el Sr. Trippini?

4 ¿Qué posible desventaja tiene Salamanca?

5 ¿Por qué se propone trasladar el Servicio Meteorológico a la capital o a un lugar entre la capital y Portugal?

6 ¿Por qué se deduce que los otros son más espabilados que los salmantinos?

7 ¿Quiénes costearon el anuncio relativo a la desaparición del Sr. Lado Manteiga?

8 ¿De qué se disculpa la Administración del Teatro Liceo?

9 ¿Qué simboliza el dibujo que figura en el anuncio pagado por los recién casados?

10 ¿Cuál fue el motivo del anuncio que sacaron la Srta. Brady y el Sr. de la Guerra?

11 ¿Quiénes deben marcar el 255940?

12 ¿Qué clase de concurso se ha convocado?

13 ¿Con qué motivo convoca dicho concurso el Club de Fútbol Barcelona?

14 ¿Con qué intención se venden los faisanes de España?

15 ¿Qué quiere comunicar a sus clientes la Dirección de La Gran Tasca?

16 ¿Qué fin tiene la campaña de la UNICEF?

17 ¿Qué carrera cursa la Srta. Lauret Alonso en la Universidad de Málaga?

18 ¿Qué tiene de curiosa la solicitud?

19 ¿Por qué dejaron de entregar huesos humanos a la Facultad de Medicina?

20 ¿Qué desventaja tienen los huesos de plástico?

21 Aparte del costo, ⁴por qué prefiere la futura doctora los huesos humanos?

Sección Léxico-Cultural

1 Las temperaturas por el lado de la frontera portuguesa suelen ser más _____ que las de Avila.

2 Por unos días los clientes del Teatro Liceo tuvieron que soportar el _____ *sepelio*

3 El acto de _____ *sepelio* se refiere a la conducción del cadáver al cementerio y el entierro.

4 A los deprimidos el 255940 les ofrece la _____ *ESPERANZA* y una voz simpatizante.

5 La UNICEF es una entidad de las _____ .

6 Dos de los anuncios más breves demuestran la costumbre española de _____ todo y no echar nada a la basura.

7 Málaga es una ciudad muy importante de la llamada Costa del _____ .

8 Ser de _____ de Medicina significa estar empezando la carrera.

Cuestiones Gramaticales

A Complete las siguientes frases según el modelo.

Modelo: Si _____ (tener) el observatorio entre Salamanca y Portugal, daríamos al Servicio Meteorológico dos o tres grados más de temperatura.

Si tuviéramos el observatorio entre Salamanca y Portugal, daríamos al Servicio Meteorológico dos o tres grados más de temperatura.

1 Si tú _hubieras_ (haber) hecho las reservas con antelación, no habríamos tenido que pasar la noche en el coche.

2 Si _____ (ser) usted conductor más prudente, no tendría el coche estropeado.

3 Si ellos _salieran_ (salir) de casa más temprano, no habrían tenido que hacer cola en el cine.

4 Si vosotros _apagarais_ (apagar) la radio, habríais podido estudiar mejor.

5 Si tú _hubieras_ (haber) llenado el depósito en Avila, no lo tendrías casi vacío ahora.

B Complete las siguientes frases según el modelo.

Modelo: No se ha podido celebrar el matrimonio en la basílica de San Francisco, como se había anunciado, por estar _____ (estropear) el alumbrado de la basílica.

No se ha podido celebrar el matrimonio en la basílica de San Francisco, como se había anunciado, por estar estropeado el alumbrado de la basílica.

1 No se ha podido celebrar la inauguración de la exposición en la Galería Velázquez, como se había anunciado, por estar _do_ (inundar) dicha galería.

2 No se ha podido rodar la película con Fernando Rey, como se había anunciado, por encontrarse _do_ (indisponer) dicho actor.

3 No se ha podido hacer el viaje a Toledo, como se había anunciado, por estar _____ (averiar) el camión.

4 No se ha podido salir de Madrid, como se había anunciado, por hallarse _____ (cubrir) de nieve las carreteras.

5 No se ha podido servir el vino de la Rioja, como se había anunciado, por haber _____ (subir) mucho el precio del mismo últimamente.

¡Las Cosas Claras!

A   Escriba una conversación telefónica entre el Sr. Alvarez, director artístico de una agencia de publicidad, y el Sr. Trippini, representante de la United Feature Syndicate en España. El Sr. Alvarez le pide autorización para reproducir algunos de los dibujos de la serie *Peanuts* en una campaña publicitaria. Necesita saber el costo de los derechos de reproducción y la manera de conseguir originales de los dibujos. El Sr. Alvarez le pide una cita para la mañana siguiente.

B   Prepare una conversación entre dos señores salmantinos que toman una cerveza en un bar del centro. Comentan el artículo sobre el frío de Salamanca. El Sr. Sánchez lamenta las temperaturas dadas por el Servicio Meteorológico y el efecto perjudicial que éstas producen, pero se opone a que se traslade el Servicio. Afirma que la capital debe su fama no sólo a su Universidad, sino también al frío. El amigo, Sr. Moreda, es propietario de una librería situada a poca distancia de la Universidad. Éste opina que el traslado del Servicio Meteorológico hará que más jóvenes acudan a la capital para ingresar en la Universidad. Le recuerda que el comercio depende en parte de un estudiantado numeroso.

2 La voz de la prensa

impreso *printed*

La publicidad impresa es la única que se puede re-leer
El Correo Español/El Pueblo Vasco, Bilbao

EL MEJOR "souvenir" de su viaje: un libro español
Ideal, Granada

Santas Escrituras
Holy Scriptures, Bible

Leed las Santas Escrituras
El Diario de Avila, Avila

EL LIBRO MAS IMPORTANTE DEL MUNDO: LA BIBLIA.
Ideal, Granada

¡OJOS QUE NO VEN...!
Abre los ojos, granadino, y verás como más de mil subnormales, granadinos como tú, están todavía sin ayuda. Con los ojos bien abiertos, que tu corazón sienta el gran problema de los tuyos. ASOCIACION DE SUBNORMALES

Patria, Granada

Patria, Granada

CONOCER EL GRUPO SANGUINEO a que perteneces es un dato del mayor interés para ti. Acude a la Hermandad de Donantes de Sangre de la Seguridad Social en la Ciudad Sanitaria "Ruiz de Alda" para inscribirte y dar tu sangre. En el carnet de donante figurará tu grupo sanguíneo.

sanguíneo *blood, pertaining to the blood*

LA DONACION DE SANGRE, previo examen médico que te será hecho en la Ciudad Sanitaria "Ruiz de Alda", nunca puede perjudicarte y en ocasiones es beneficiosa para la salud. La extracción es sólo un simple pinchazo. Acude a inscribirte en la Hermandad de Donantes de Sangre de la Seguridad Social en la Ciudad Sanitaria "Ruiz de Alda".

previo *upon: after*

perjudicar *to hurt, harm*

pinchazo *injection (fig.); puncture*

Patria, Granada

NO LO DEJE para mañana que ya puede ser tarde. Por favor vacune hoy mismo a sus hijos.

vacunar *to vaccinate, innoculate*

Patria, Granada

La Gaceta del Norte, Bilbao

La Gaceta del Norte, Bilbao

INVALIDEZ y trabajo no son cosas opuestas.

Patria, Granada

invalidez *disability*

TRABAJADOR: No aceptes el accidente como irremediable ¡¡combátelo!! ¡¡vive con seguridad!!

TRABAJADOR: Acude a cursillos para formarte en la materia más importante para ti y los tuyos: La Seguridad en el Trabajo.

El Adelanto, Salamanca

PEATON:

Obedece las señales de tráfico. Ellas te protegen.

Diario de Barcelona, Barcelona

peatón *pedestrian*

Recuerde que la luz amarilla indica el cambio inmediato de la luz verde a la roja. Si está cruzando termine de pasar rápidamente. Si aún no ha empezado no lo intente. Espere a que se encienda de nuevo la luz verde.

El Norte de Castilla, Valladolid

Peatón: Todas las horas son buenas para ser prudente. Camine siempre atento, el peligro no avisa.

Diario de Barcelona, Barcelona

Agricultor: Siempre hay que considerar peligrosos a los animales. Creer que se puede confiar en ellos es una ilusión. Por esto hay que tratarlos con calma, precaución, conocimiento, y evitarás muchos accidentes.

Hoja del Lunes, Salamanca

Enseñemos a nuestros hijos a amar y respetar a esta bella ciudad de Quito

El Comercio, Quito

Es obligación de todos los habitantes de Quito cuidar sus parques y jardines.

El Comercio, Quito

La inmigración campesina ha traído a Quito amargos problemas higiénicos. Luchemos contra las consecuencias.

El Comercio, Quito

NO DEJE A SUS NIÑOS SOLOS

El Diario/La Prensa, Nueva York

Sur, Málaga

MALAGUEÑO: Un grifo mal cerrado es un enemigo público. No desperdicie el agua potable. Es un consejo del Servicio Municipal de Aguas.

grifo faucet
desperdiciar to waste

MALAGUEÑO: El agua no se consigue tan fácilmente como se gasta; no la tire, ni mantenga sin reparar cualquier avería en sus grifos, cisternas o aljibes.

Sur, Málaga

avería breakdown
cisterna cistern
aljibe well

No desperdicie el agua: repare llaves y cañerías dañadas que la malgastan.

El Comercio, Quito

llave faucet
cañerías pipes

COMERCIANTE: Nuestra publicidad recordará a vuestra numerosa clientela vuestro establecimiento en el momento oportuno de sus compras. Por ello os interesa anunciaros asíduamente en este Diario.

asiduamente regularly

Ideal, Granada

Sinónimos

_____ conseguir   a casa

_____ recordar   b trabajador

_____ opuesto   c "souvenir"

_____ hogar   d contrario

_____ pinchazo   e acordarse

_____ obrero   f inyección

_____ grifo   g obtener

_____ averiado   h llave

___c___ recuerdo   i dañado

Cuestionario

1 ¿Por qué es peligroso dejar solos a los niños?

2 ¿En qué ciudad hispana se ruega a los habitantes que conserven el agua?

3 ¿Qué hacen millones de personas todos los días?

4 ¿Qué mensaje se le dirige al comerciante?

5 ¿Por qué es importante el hecho de que se pueda re-leer la publicidad impresa?

6 ¿Qué libro se considera el más importante del mundo?

7 ¿Qué se ruega a la gente que dé a los inválidos?

8 ¿Qué es lo que no ven los ojos de los granadinos?

9 ¿Qué es lo que no obedece a un horario fijo?

10 ¿Cuál es la materia considerada más importante para el trabajador?

11 ¿Qué se le aconseja combatir al trabajador?

12 ¿Qué consejo se le da al agricultor?

Cuestiones Gramaticales

A Cambie las siguientes frases según el modelo.

Modelo: Trabajador: Acepta el accidente como remediable.

Trabajador: No aceptes el accidente como irremediable.

1 Trata a los animales con precaución.

No _____ a los animales con demasiada confianza.

2 Vive con seguridad.

No _____ sin seguridad en el trabajo.

3 Deja a los niños con un vecino.

No _____ a los niños solos.

4 Obedece las señales de tráfico.

No des_____ las señales de tráfico.

5 Cruza con la luz verde.

No _____ con la luz roja.

6 Camina con prudencia.

No _____ sin prudencia.

7 Gasta el agua con prudencia.

No mal_____ el agua.

8 Lee las Santas Escrituras.

No _____ la literatura indecente.

9 Enseña a tus hijos a respetar lo ajeno.

No _____ a tus hijos a maltratar las zonas verdes (the grassy areas).

10 Haz una publicidad sincera y no deshonesta.

No _____ publicidad engañosa.

B Complete las siguientes frases según el modelo.

Modelo: Espera que se _____ (encender) de nuevo la luz verde.

Espera que se encienda de nuevo la luz verde.

1 Siento mucho que se _____ (haber) muerto su padre.

2 ¿Prohibe usted que su hermanito _____ (llevar) sus corbatas?

3 Prefiere que su suegra _____ (preparar) las comidas.

4 Dudamos que la carta _____ (llegar) a tiempo.

5 Quiero que mi mujer le _____ (lavar) el pelo a la nena.

6 Nos manda que _____ (acabar) el trabajo antes de acostarnos.

7 El profesor le hace que _____ (responder) en voz alta.

8 Insiste en que tú _____ (quedarse) durante el fin de semana.

9 Nos dice que _____ (despertarse) a las siete.

10 No es verdad que Paco _____ (querer) casarse.

¡Las Cosas Claras!

A   Prepare un anuncio radiofónico para la Radio WADO de Nueva York, una emisora latina, en que se plantean las siguientes cuestiones: (1) los motivos que puedan tener los padres para dejar solos a los niños; (2) los peligros que corren los niños solos en una ciudad grande y (3) las medidas que deben tomar los padres en caso de tener que salir.

B   Prepare un mensaje televisivo dirigido al comerciante mexicano para animarle a dar trabajo a gente inválida. Recuérdele las muchas ventajas de dar puestos a empleados inválidos: seriedad, puntualidad, laboriosidad, lealtad, honradez y cortesía.

3 Diversiones y pasatiempos

pugna conflict

Chicas, ELE, S.A. Ediciones, México, D.F.

sirvienta maid

horrorizar to horrify; terrify

pendiente *unfinished; hanging*

alterarse *to become irritated or annoyed*
desesperar *to irritate*

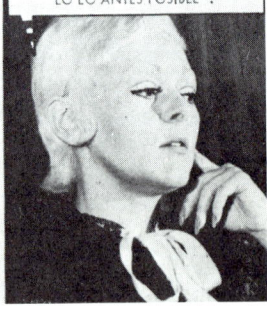

retrasado *late*
agrandar *to enlarge*
cruzarse de brazos *to fail to take action*

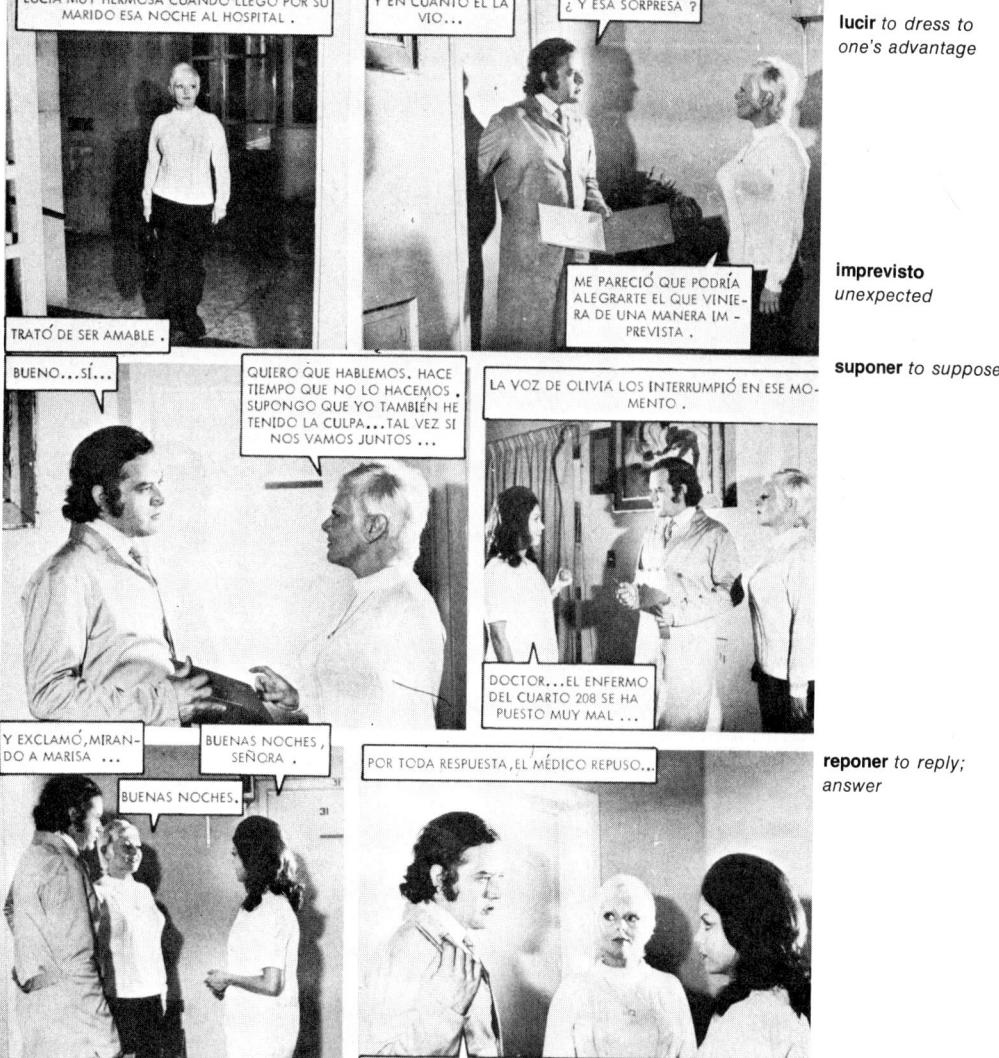

lucir to dress to one's advantage

imprevisto unexpected

suponer to suppose

reponer to reply; answer

suero serum

Sinónimos

_____ dañar   a lucha

_____ criada   b sirvienta

_____ alterarse   c agrandar

_____ causar terror   d reponer

_____ pugna   e enojarse

_____ culpar   f imprevisto

_____ inesperado   g horrorizar

_____ contestar   h herir

_____ aumentar   i reprochar

Cuestionario

1 ¿Cómo le había ayudado Marisa a Néstor en su carrera?

2 ¿Qué era lo que se oía a la hora de la comida?

3 ¿Cómo solían quedar las conversaciones entre Néstor y Marisa?

4 ¿Qué era lo que más desesperaba a Marisa?

5 ¿Cómo fue recibida la visita imprevista de Marisa al hospital?

Sección Léxico-Cultural

1 "Cruzarse de brazos" quiere decir no hacer _____ .

2 Por "habérselo dicho todo" se entiende que los dos ya no tenían nada en _____ , nada que los uniera como matrimonio.

3 Una que atiende a los enfermos es una _____ .

¿Qué corbatas le gustan?

Generalmente, los hombres llevan distintos tipos de corbatas, según las ocasiones. Pero todos tienen sus preferencias "secretas" sobre algunos dibujos y colores.

De Lunares

Indeciso y dubitativo. No tiene confianza en sí mismo y a veces lo disimula con un aire de "suficiencia" que engaña sólo a aquellos que lo conocen superficialmente. Ama la vida familiar y generalmente está mimado por las mujeres de su hogar. Su curiosa indecisión no es obstáculo para que tenga ciertas cualidades positivas.

De Lazo

Si es joven, tiene miedo a envejecer; si es maduro, añora los días de su juventud. La corbata de lazo expresa vanidad, deseo de gustar a los demás. Las críticas le molestan mucho. El hombre que la lleva es acicalado y suave, y despierta el instinto maternal de la mujer. En el fondo, es un hombre inmaduro sin apenas seguridad en sí mismo.

lunares polka dots

dubitativo doubtful

disimular to cover up, to conceal

mimar to spoil

de lazo bow (tie)

añorar to feel nostalgia for

acicalar to dress up stylishly

Dibujo Simétrico

No importa que los dibujos sean grandes o pequeños, brillantes o sobrios; lo que importa es que estén agrupados con matemática exactitud. El hombre que lleva esta corbata quiere encasillar la realidad, para enfrentarse a ella. Ama la puntualidad, los ficheros, la limpieza. Lo imprevisto le desconcierta. Reacciona lento, pero bien.

Color Liso

El hombre que lleva corbatas lisas, cualquiera que sea su color, es generalmente un reprimido, que se basta a sí mismo. Podría pensarse que carece de iniciativa y de entusiasmo, y muchos incluso lo encuentran aburrido. Pero esto se debe a que él se revela tal y como es sólo ante un reducido círculo de sus más íntimas amistades.

sobrio *serious*

encasillar *to pigeonhole*

enfrentarse *to confront*

ficheros *filing cabinets*

imprevisto *unforeseen*

desconcertar *to disconcert*

liso *plain, unpatterned*

reprimir *to repress*

bastar *to be enough*

carecer de *to lack*

A Rayas

Las rayas son el símbolo de la audacia. Cuanto más irregulares son, mayor audacia revelan. Este hombre posee grandes cualidades, aunque no siempre hace uso de ellas, y prefiere realizar trabajos simples que no le "roben" su tiempo.

Dibujo Asimétrico

Amistoso, pero con un aire sarcástico y hostil, para enfrentarse con el medio ambiente. Este sarcasmo es la máscara con la que cubre sus decepciones. Gran trabajador, pero no rutinario. Se entrega a un sinfín de actividades y cambia continuamente de ocupaciones, siguiendo la última "vocación" que despierta su directo interés.

ABC de las Américas, N.º 127, 1-15 julio de 1975, Nueva York

medio ambiente *environment*
decepción *disappointment*
rutinario *adherer to routine (person)*
entregarse *to devote or dedicate oneself*
audacia *audacity*

Cuestionario

Apunte el número del tipo de corbata que corresponda con las cualidades indicadas en la otra lista.

    _____ indecisión

    _____ vanidad

    _____ audacia

    _____ amistad

    _____ falta de madurez

    _____ sarcasmo

1 a rayas   _____ reacción lenta

2 dibujo asimétrico   _____ cambio de empleo

3 de lunares   _____ represión

4 de lazo   _____ temperamento aburrido

5 dibujo simétrico   _____ vida familiar

6 color liso   _____ puntualidad

    _____ falta de iniciativa

    _____ trabajo sencillo

    _____ deseo de gustar

    _____ falta de confianza

    _____ limpieza

    _____ hostilidad

    _____ temor a la vejez

    _____ previsión

El tiempo libre y el ocio

El Instituto de la Opinión Pública ha dado a conocer los resultados de su encuesta sobre el tiempo libre y el ocio, realizada el año pasado, con un muestreo realizado entre unas 2.500 personas. Considerando como tiempo libre todo lo que no es jornada laboral normal o tiempo empleado en ir y volver del trabajo, el estudio presenta curiosas evidencias sobre la extensión del tiempo libre y el uso que de él se hace en nuestro país.

Así, por ejemplo, un 40 por 100 de los consultados suelen disfrutar entre una y tres horas de tiempo libre al día; el 38 por 100 dispone de más de tres horas; y el 21 por 100, de menos de media hora.

Durante el fin de semana se dispone también de poco tiempo libre. Un 48 por 100 de los encuestados tienen sólo un día libre a la semana, un 27 por 100 dispone de día y medio y sólo un 13 por 100 disfruta de dos días y medio, situación que es general en los países industrializados.

Los españoles prefieren invertir sus horas libres en ver la televisión, leer el periódico, coser o hacer labores y escuchar la radio, por este orden. Sin embargo, los fines de semana son más propicios, según parece, para ver la televisión, salir de excursión, reunirse con los amigos e ir a la cafetería o bar. Por lo visto, existe un cambio básico con los gustos de la pasada década, en la que la afición principal la constituían las emisiones de radio.

Estudiando este punto por sectores sociales, es de destacar que a mayores ingresos y mayor nivel económico, mayor es el número de los que leen Prensa, de los que viajan y, curiosamente, de los que se reúnen con amigos los fines de semana.

También son variantes en la discriminación del tiempo libre la edad y el sexo. Los más viejos ven más la televisión y leen más el periódico; los más jóvenes viajan más y gustan de las reuniones con amigos. Los varones leen más Prensa que las mujeres, y éstas últimas, dedican más tiempo a las labores.

Informaciones, Madrid, 30 de noviembre de 1974

---

encuesta *survey, poll*
ocio *leisure time*
muestreo *sampling*
jornada laboral *work day*

disfrutar *to enjoy*

coser *to sew*
labores *work; housework*
propicio *favorable*

afición *enjoyment*
destacar *to emphasize*

Sinónimos

_____ opinión   a gastar

_____ entrevistar   b consultar

_____ industrializado c Prensa

_____ invertir   d hombre

_____ periódico   e criterio

_____ varón   f desarrollado

Cuestionario

1 ¿Con qué objetivo se realizó la encuesta?

2 ¿Cuáles fueron los resultados relativos al tiempo libre durante la semana?

3 ¿De cuántos días libres dispone la mitad de los encuestados?

4 ¿Cuántos disponen de más de dos días libres los fines de semana?

5 ¿Cuál es la principal distracción de los españoles?

6 Durante la década de los sesenta, ¿cómo invertían sus horas libres la mayoría de los españoles?

7 ¿Cómo repercute la posición social en el empleo del ocio?

8 ¿Quiénes leen más la Prensa?

Sección Léxico-Cultural

1 No son países _____ las naciones jóvenes del Tercer Mundo.

2 Tanto el dinero como el tiempo se _____ .

3 La _____ laboral normal consta de ocho horas.

4 Ser pluriempleado quiere decir _____ en dos sitios distintos.

5 El trabajador que hace la comida en casa va y vuelve del trabajo _____ veces al día.

6 El que dispone de tiempo libre _____ de él.

7 Esta _____ es la de los años setenta.

PUZZLE

| ABRIR | ACABAR | AHORRAR | ALEGRE |

| ERRAR | | | AMARGO |

```
O P R U Z O Ñ H J E D E
C I A R S R O M L K L O
M A B A C I G T U V A C
D E G Z Y L M O L K R S
L A B E R A N U Y A G E
G O R P O S U W T U O P
R S E M P U X S R A R S
O P C E R R A R I M D E
B E L M O G H D S U O R
Z V U S F U E R T E D C
H E D E R A T R E C A F
J M O S U W X Y R Ñ L K
```

| ENTRAR | | | BAJO |

| DELGADO | DEBIL | CORTO | COMER |

En este cuadro de letras están contenidas las PALABRAS ANTONIMAS (es decir, de significado contrario) a las que figuran en los recuadros que rodean el mismo. Se leen de izquierda a derecha, de derecha a izquierda, de arriba abajo, de abajo arriba y en diagonal, al derecho o al revés. Trazando una línea alrededor de cada nombre, procure localizarlos todos, teniendo en cuenta que una letra puede formar parte de dos o más nombres por cruzarse éstos.
Ya, Madrid

En la Plaza Mayor

Ellos no querían dejar el pueblo, pero los chicos, como tantos otros, se marcharon muy lejos. Cuando pueden, y pese a que les asusta tener que tomar un autobús y un metro, vienen a sentarse en un banco de la Plaza Mayor. En esta plaza están más en su pueblo; y sobre todo, que fue aquí, en esta plaza, donde hace muchos años, se conocieron: él estaba haciendo la "mili", ella sirviendo. Por eso, cuando pueden, y antes que llegue el nieto, que será para Navidad, vienen a la Plaza Mayor, se sientan, miran, callan, y cuando se van, llevan las manos cogidas, como en aquel domingo, hace cincuenta años.

Hoja del Lunes, Madrid

pese a que *in spite of the fact*

la "mili" *military service* (**servicio militar**)
servir *to be employed as a domestic*
callar *to be silent*
coger *to take hold of*

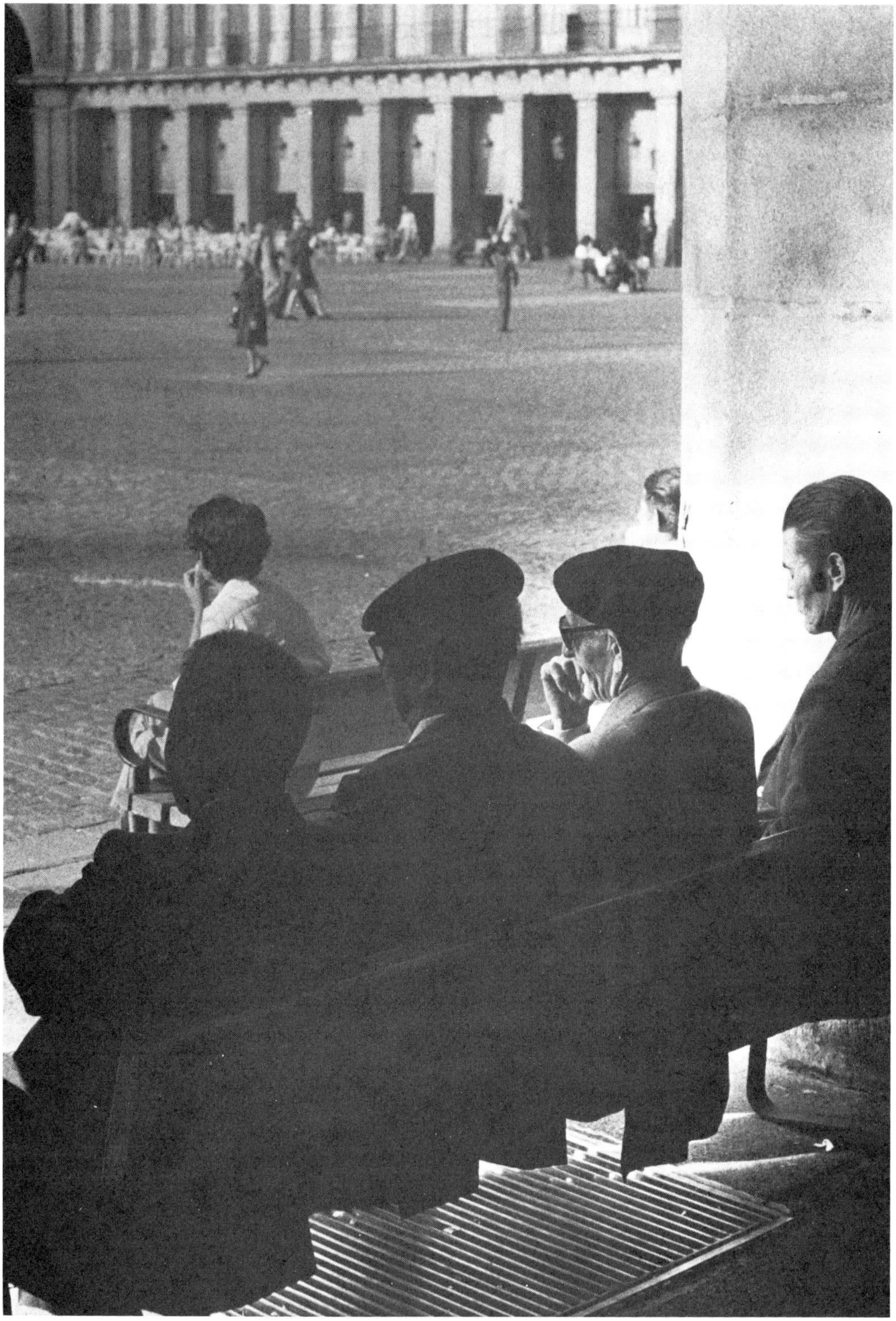

Cuestionario

1 ¿Por qué abandona los pueblos la gente joven?
2 ¿Por qué se sienten los ancianos más a gusto en la Plaza Mayor?
3 ¿Qué hacía el mozo cuando conoció a su futura esposa?
4 ¿Qué trabajo tenía ella en aquella época?
5 ¿Qué evento se espera para Navidad?

Cuestiones Gramaticales

A Complete las siguientes frases según el modelo.

   Modelo: Existe un cambio básico con los gustos de la pasada década, en la que la afición principal _____ constituían las emisiones de radio.

   Existe un cambio básico con los gustos de la pasada década, en la que la afición principal la constituían las emisiones de radio.

   1 A él no _____ conozco; pero a su hermana sí.
   2 El grabado me _____ regalaron los Márquez.
   3 A Pilar _____ vi anteayer; a José no _____ he visto.
   4 Los discos me _____ prestaron Mari y Sebastián.
   5 A la madre me _____ presentaron anoche; a las hijas no _____ conozco.
   6 La película no _____ he visto; la novela _____ leí el año pasado.

B Complete las siguientes frases según el modelo.

   Modelo: ¿Conoces una librería que _____ (vender) libros de ocasión?
   ¿Conoces una librería que venda libros de ocasión?

   1 Busca un coche que _____ (tener) menos de diez mil millas.
   2 ¿Qué haría usted si tuviera un estudiante que _____ (negarse) a preparar sus tareas?
   3 Solicitan una secretaria que _____ (dominar) español e inglés.

4 Quieren contratar un conferenciante que _____ (poder) disertar sobre la contaminación del aire en Madrid.

5 No conocemos a nadie que _____ (tener) conocimientos de contaminación.

6 Buscamos un jardín de infancia que _____ (aceptar) a niños de dos añitos.

7 El Director buscaba un maestro de música que no _____ (ser) tan exigente con los niños.

8 Queremos alquilar un piso que _____ (contar) con balcón y dos ascensores.

9 No hemos tenido ninguna empleada de hogar que _____ (tratar) bien a los críos.

10 ¿Conoces a un coleccionista que _____ (vender) sellos de la República?

¡Las Cosas Claras!

A   Los españoles son bastantes teleadictos; escuchan mucho menos las emisiones radiofónicas. Promete mucho la televisión como medio de educación y de difusión, pero raras veces cumple esta misión. Algunos críticos atribuyen el fracaso de la televisión a la comercialización del medio. Discuta los efectos perjudiciales de ver mucho la televisión.

B   El llevar corbata o no es un tema que se discute mucho hoy día. El pueblo hispano suele ser más formal en el vestir que el pueblo sajón, pero se están notando cambios perceptibles en el modo de vestir hispano. En algunos sectores de los Estados Unidos se ha dejado de llevar corbata salvo en ocasiones o actos de carácter solemne. Hasta en restaurantes de lujo se permite la entrada a caballeros sin corbata. Prepare una charla sobre "la corbata como anacronismo."

4 Noticiario

Ajedrez viviente

El ajedrez puede ser así de espectacular y atractivo, sobre todo cuando tiene como marco el luminoso barroquismo de la Plaza Mayor de Salamanca. Aunque parezca mentira, en estas partidas a lo vivo, en las que las figuras son seres de carne y hueso, lo de menos son los cerebros pensantes. Lo de más es la vistosidad de los trajes de época. Lejos de la asepsia del tablero tradicional, peones, alfiles, caballos, torres y reinas lucen una llamativa vestimenta, amalgama de colores y luces.

Arriba, Madrid, 21 de septiembre de 1974.

Foto: Los Angeles

ajedrez chess
marco setting
partida game
vistosidad color; attractiveness
asepsia sterility
tablero board
peón pawn
alfil bishop
caballo knight
torre castle, rook
lucir to wear
llamativo showy, loud
vestimenta clothes

Foto: Europa Press

Penoso rescate

Los equipos de rescate recuperaron ayer 9 cadáveres de entre los escombros de la calle de las Tapias. El primero de ellos lo fue a las 7 de la mañana; el segundo pudo ser extraído doce horas después. En este período de tiempo, los bomberos terminaron de apagar los últimos rescoldos y procedieron a apuntalar algunas de las pocas paredes que quedaban en pie. Operación necesaria para evitar mayores desgracias entre el personal que lucha entre la tierra calcinada para recuperar los cuerpos. Todavía no es posible estimar con toda exactitud el número de víctimas, pues no se ha logrado establecer el número de personas que habitaban las fincas siniestradas. Esta misma incertidumbre es la que dificulta los trabajos de desescombro, que deben realizarse con sumo cuidado y lentitud al no conocerse cuándo por fin estarán recuperados todos los cuerpos. Bomberos, personal de la Cruz Roja y obreros de una empresa de derribos —así como policías urbanos y gubernativos— trabajarán en el lugar las 24 horas del día hasta terminar con su triste labor.

Mundo Diario, Barcelona, 6 de septiembre de 1974.

penoso *difficult*
rescate *rescue*
escombros *debris*

rescoldos *embers*
apuntalar *to brace*
calcinado *charred*

finca *property*
siniestrado *damaged*
desescombro *removal of debris*
derribo *demolition*

Cuestionario

1 ¿En qué se había convertido la Plaza Mayor de Salamanca?
2 ¿Quiénes hacían el papel de los peones y los caballos?
3 ¿Qué vestían los personajes del ajedrez viviente?
4 ¿Cuántos cadáveres calcinados fueron retirados por los bomberos?
5 ¿Cuántas personas habitaban la zona afectada?
6 ¿Para qué seguían arrojando agua los bomberos?

El mercado de antigüedades

El mercado de las antigüedades y de las obras de arte que nutren las colecciones es mucho más importante de lo que la gente se imagina. En el plano financiero representa un gran movimiento de fondos. Actualmente, en España existe una pasión desmesurada por el coleccionismo. En unos casos se trata de reunir conjuntos de obras con unos fines puramente estéticos, y en otros, como una interesante inversión.

En cuanto surge un conjunto o una simple pieza que parece de importancia es requerida inmediatamente la presencia de un experto. Y aquí comienzan los problemas. A veces conviene examinar muy atentamente los objetos antes de conceder a los documentos que les acompañan el valor de una pequeña historia.

Se ha dado con frecuencia el caso de un retrato que a primera vista parecía auténtico. Era la obra de un gran maestro que había permanecido durante varias generaciones en una casa. El marco era también antiguo, tallado y con una bella policromía. Nadie había puesto nunca en duda la autenticidad de esta obra. Pero visto ya más de cerca y atentamente, el experto comenzó a tener sus dudas. Y se dispuso a llevar a cabo un examen minucioso. En aquel espléndido

antigüedades *antiques*
nutrir *to fill*
desmesurado *unrestrained*
inversión *investment*
surgir *to present itself*
tallar *to carve*
policromía *multicolored adornment*
disponerse a *to prepare to*
minucioso *meticulous, detailed*

marco de época había sido colocada una copia realizada a mediados del siglo XIX de la obra de un gran maestro del siglo XVI.

Pero el propietario, con una sonrisa bastante irónica, insistía que desde que fue pintado, el cuadro no había sido retirado jamás del lugar donde lo estaba viendo el experto. Y se dirigió a un arcón, de donde extrajo una documentación completa, tanto del cuadro, con la factura y la firma originales del pintor, como la del artesano que había tallado el marco.

arcón *large chest*
extraer *to remove, take out*
factura *invoice, bill*

Pero ocurre con mucha frecuencia que a lo largo de la historia de una vieja familia se haya producido un "accidente" financiero. Algún miembro de esa familia, aficionado a la bebida o al juego, ha creado en algún momento dificultades económicas. Entonces, hay que ocultar la crisis sin llamar la atención de las personas más cercanas o de los amigos. El mejor medio para salvar una situación de éstas ha sido la venta, pero después de haberse hecho con una copia.

hacerse con *to provide oneself with*

Es el caso del retrato del antepasado. El propietario actual ignoraba la sustitución hecha a mediados del siglo XIX. En cuanto al marco, jamás abandonó la pared más que el tiempo preciso para hacer el cambio de la pintura.

Hoja del Lunes, Madrid, 16 de septiembre de 1974.

Sinónimos

_____ detallado   a necesario

_____ dueño   b extraer

_____ sacar   c en cuanto a

_____ preciso   d minucioso

_____ con respecto a   e propietario

Cuestionario

1 ¿Con qué fines participa la gente en el mercado de antigüedades?

2 ¿Qué servicios le presta el experto al propietario de una antigüedad?

3 ¿A qué se debía la crisis económica en la familia del propietario del retrato?

4 ¿Qué guardaba todavía el actual propietario del cuadro?

5 ¿Qué había mandado sacar el antiguo propietario del retrato antes de venderlo?

Sección Léxico-Cultural

1 A una obra cuyo valor artístico lo reconocen todos se le llama una obra _____ .

2 Un anticuario se especializa en la compra y venta de _____ y objetos de arte.

3 Un señor que adquiere antigüedades y objetos de arte es un _____ .

4 A los *familiares* o *parientes* fallecidos hace bastante tiempo se les llama _____ .

Cuestiones Gramaticales

A Complete las siguientes frases con la forma acertada.

Modelo: a principios de
a mediados de
a fines (finales) de

1 Colón descubrió el Nuevo Mundo _____ siglo XV.

2 La Revolución Mexicana comenzó _____ siglo XX.

3 España perdió sus últimos territorios ultramarinos _____ siglo XIX.

4 Fue anexionado Texas a los Estados Unidos _____ siglo XIX.

5 Fue descubierto Puerto Rico _____ siglo XV.

6 Las tropas francesas de Napoleón invadieron a España _____ siglo XIX.

7 Se publicó la primera parte del *Quijote* _____ siglo XVII.

8 Nacieron los Reyes Católicos _____ siglo XV.

9 Tuvo lugar la invasión musulmana de España _____ siglo VIII.

10 Fueron expulsados de España los judíos _____ siglo XV.

B Complete las siguientes frases según el modelo.

Modelo: _____ (Era/Estaba) la obra de un gran maestro.
Era la obra de un gran maestro.

1 La obra _____ cubierta de una capa de pintura.

2 El cuadro _____ de un pintor apenas conocido en España.

3 _____ abierta la puerta del estudio del restaurador.

4 _____ mío el retrato que se vendió en diez mil pesetas.

5 El pintor _____ esperando a que llegara la modelo.

6 El maestro _____ para dejar el estudio cuando llegó la señorita.

7 ¿Qué hora _____ cuando se pusieron a la venta las litografías?

¡Las Cosas Claras!

A   Prepare un diálogo entre un anticuario madrileño y una señora de la clase media española que cree que el cuadro que le ha dejado un tío lejano recientemente fallecido es un óleo desconocido del gran maestro español Diego Velázquez. Resulta que el cuadro es obra de un buen copista italiano, cuyas copias (no del todo malas) están a la venta en cualquier comercio que venda recuerdos para turistas. La señora rechaza el criterio del anticuario y acaba por pedirle una carta que certifique la autenticidad del cuadro.

B   Realice una breve entrevista con uno de los sobrevivientes afortunados del desastre ocurrido en la calle de las Tapias. El entrevistado estaba dormido en su piso en los bajos de la casa; le despertaron los gritos de los niños del portero. Aunque pudo salir ileso (unharmed) del incendio, no logró rescatar nada de valor de su piso. Se queja de lo mucho que tardaron los bomberos en responder a la alarma. La primera noche la tuvo que pasar en un hotel; después unos primos le invitaron a quedarse con ellos hasta encontrar un nuevo piso.

5 El español medio

DON DOMINGO por Dátile

¡AL FIN LLEGÓ EL MOMENTO DE ABANDONAR ESTE LUGAR ARTIFICIAL...!

...DEJAR DE CONTEMPLAR ESE MAR ESTÚPIDO...!

dejar de to stop (doing something)

Ya, Madrid

acabar to finish

pasear "to drag around"

familiar domestic

veraniego pertaining to summer

¡basta de...! enough of...!

ociosidad idleness

paralizante stultifying

sonar *to ring*

darse cuenta de *to realize*

haber de *to have to*

Sinónimos

_____ por útimo   a cesar de

_____ lugar   b sitio

_____ abandonar   c acabar

_____ terminar   d de nuevo

_____ dejar de   e dejar

_____ nuevamente   f al fin

Cuestionario

1 ¿Qué momento le ha llegado por fin a don Domingo?

2 ¿En dónde ha veraneado?

3 ¿Cómo describía don Domingo los días de ocio?

4 ¿En qué esperaba sumergirse a la vuelta?

5 ¿Qué suele ocurrir a las siete los días laborables?

6 ¿Qué le sucede a don Domingo?

7 ¿A dónde le toca volver al día siguiente?

Sección Léxico-Cultural

1 El caricaturista llama así al personaje porque suele emprenderse el viaje de vuelta el _____.

2 Será la _____ de don Domingo la que viaja en el asiento trasero del coche.

3 La mujer de don Domingo lleva gafas _____ .

4 Un señor a quien se le ha caído el pelo es un _____ .

5 Los españoles gustan de salir de vacaciones el mes de _____ .

6 El coche de don Domingo es de dos _____ .

Las noches de Madrid

La actividad laboral no conoce descanso nocturno en Madrid. Más de ochenta mil trabajadores cumplen su jornada de trabajo coincidiendo con el sueño del 97,5 por 100 de la población. Esos trabajadores cuentan con una indudable ventaja sobre los que duermen: la paz, la tranquilidad y el sosiego de unas calles que, pocas horas antes, son un infierno de ruidos, gases y aglomeraciones.

Estamos charlando con un grupo de empleados de recogidas de basuras:
—Aunque nos desagrada trabajar durante toda la noche, creemos que es necesario hacerlo por varias razones: una de ellas, porque nuestros camiones interferirían el tráfico por el día; otra, porque, sobre todo en verano, las basuras huelen mucho peor durante el día. En este aspecto, preferimos que la recogida se haga por la noche. Más de un vecino se asoma para llamarnos la atención, porque el ruido del camión les resulta molesto. Pero, ¿qué le vamos a hacer nosotros? Demasiado desagradable para uno es no poder dormir de noche, y por el día, mientras nos echamos a dormir, tener que aguantar todo el ruido de la ciudad en marcha.

jornada de trabajo workday
ventaja advantage
sosiego quiet
aglomeración crowd
recoger to collect
basura trash
desagradar to displease
oler to smell
asomarse to look out (of a door or window)
aguantar to put up with

Los panaderos también se resignan, porque comprenden la imposibilidad de que su trabajo discurra por el día.

—Estamos acostumbrados. El calor del horno no hay quien lo evite. Yo salgo de mi casa sobre las diez o diez y media de la noche, cojo el Metro y aquí me tienen hasta las cuatro y media o las cinco de la mañana. Llevo quince años en el oficio, trabajando todas las noches, incluso festivos; sólo por Navidad y Nochevieja descanso.

Diez de la noche. Maternidad de Santa Cristina. Un grupo de enfermeras hacen el relevo a sus compañeras de día. Este no es el caso de los médicos, cuyos turnos de guardia duran veinticuatro horas.

—En los meses de julio y agosto es cuando más partos se registran, creemos que un 15 por 100 más, con respecto a otros meses del año— nos dicen los doctores.

Empiezan a llegar los primeros ingresos. Las futuras madres son inmediatamente reconocidas por los doctores y pasan, según el caso, a la sala de partos o a la de espera. Los partos normales son atendidos por las comadronas, mientras que los más difíciles son atendidos directamente por los doctores.

—Verá usted— nos dice uno de los doctores, —de aquí hasta la una o las dos de la madrugada el trabajo va a ser intenso.

—¿Y esto a qué se debe?

—Pues a que mucha gente suele esperar a que acabe la televisión para venir, sobre todo señoras que empiezan a sentir molestias, pero esperan que el marido termine de ver la película para trasladarse aquí.

A lo largo de nuestra estancia nocturna en la Maternidad, diez criaturas han nacido.

discurrir *to perform*
horno *oven*
festivos (días) *holidays*
Nochevieja *New Year's Eve*
relevo *relief*
de guardia *on call*
parto *delivery*
registrar *to record*
ingresos *patients admitted*
reconocer *to examine*
comadrona *midwife*
trasladarse *to move; to come*
estancia *stay*

Ya, Madrid

48

Sinónimos

_____ aguantar   a permanencia

_____ festivo   b soportar

_____ incluso   c trabajo

_____ oficio   d hasta

_____ examinar   e reposo

_____ estancia   f feriado

_____ descanso   g reconocer

Cuestionario

1 ¿Qué tanto por ciento de los madrileños trabaja de noche?

2 ¿Cómo son las calles de la capital durante el día?

3 ¿Por qué los empleados del servicio de recogida de basuras prefieren que su trabajo sea nocturno?

4 ¿Qué es lo que no puede evitar el panadero?

5 ¿Durante qué meses occure el mayor número de partos?

6 ¿A quiénes atienden las comadronas?

7 ¿A qué se debe el ritmo acelerado de partos ocurridos a la una de la madrugada?

Sección Léxico-Cultural

1 El pan se les despacha a los clientes en la _____ .

2 Aceptar algo como irremediable es _____ .

3 La farmacia _____ atiende a los madrileños durante la noche.

4 Una clínica que se especializa en _____ se llama maternidad.

5 Lo primero que hacen los doctores es _____ a la mujer parturienta.

Las clases en la sociedad española

Es casi unánime la percepción de la existencia de diferentes clases en la sociedad española actual, según los resultados de una encuesta que se publica en el último número de la *Revista Española de La Opinión Pública*. Más de la mitad de los entrevistados se consideran miembros de la clase media (55 por 100). Algo menos de la tercera parte se identifican como de clase media baja (27 por 100), siendo muy reducido el número de los que se sitúan a sí mismos en las clases alta (7 por 100) y baja (10 por 100).

Las personas con menos instrucción (menos estudios primarios) se incluyen, sobre todo, en las clases media y media baja, siendo esta última la que ofrece los mayores porcentajes; los que tienen estudios primarios y bachiller elemental también se identifican con ambas clases, pero las cifras mayores las presenta, en este caso, la clase media. Los que han alcanzado mayores niveles de estudio (bachiller superior, técnicos de grado medio y universitarios) se incluyen en las clases media y media alta, siendo la primera la que ofrece las cifras mayores.

El dinero es el elemento que más frecuentemente se asocia con la noción de clase social (63 por 100), seguido a bastante distancia por la profesión (42 por 100) y los estudios (31 por 100), confiriéndose mucha menos importancia a la familia a que se pertenece o a los títulos que se poseen, lo que constituye un síndrome claramente modernizante y dinámico.

La clase alta valora sobre todo el dinero (56 por 100) y los estudios (33 por 100). La media alta y la media consideran en primer lugar el dinero (50 y 59 por 100, respectivamente) y atribuyen una significación parecida a los estudios (45 y 34 por 100), a la familia, los títulos y la profesión. Las clases inferiores (media baja y baja) piensan mayoritariamente en el dinero (72 y 74 por 100) y, después, en la profesión (36 por 100).

Ya, Madrid

encuesta *survey*
número *issue, number (of a periodical)*
situarse *to situate oneself*
cifras *numbers*
conferir *to confer, award*
pertenecer *to belong*
valorar *to value*
mayoritariamente *in the majority; largely*

Sinónimos

_____ instrucción   a parte

_____ distinto   b idea

_____ elemento   c enseñanza

_____ noción   d diferente

_____ situarse   e colocarse

Cuestionario

1 ¿Qué tanto por ciento de los entrevistados se consideran de la clase media?

2 ¿En qué clase social se sitúa el 7 por ciento de los españoles?

3 ¿En qué clase se incluyen los que tienen estudios primarios y bachiller elemental?

4 ¿Qué importancia tienen los porcentajes de los elementos asociados con la noción de clase social?

5 ¿Qué clase o clases valoran más el dinero?

6 ¿Qué se entiende por "título" en este artículo?

Cuestiones Gramaticales

A Complete las frases siguientes con una forma del verbo *saber* o *conocer*.

1 ¿A qué _____ la sopa?

2 Yo _____ al señor Martín Santos en un congreso.

3 Me lo contó Carlitos; éste lo _____ en la prensa de ayer.

4 Oye, ¿tú _____ el barrio hispano de la ciudad?

5 Ese se cree que lo _____ todo.

B Los siguientes verbos se emplean como el verbo *gustar*; escoja usted el verbo apropiado y empléelo en la forma apropiada.

desagradar   convenir   parecer   faltar

resultar   ocurrir   gustar   sentar

importar   apetecer   tocar

1 —¿Qué hora es la más conveniente para ti?

—¿Te _conviene_ a las nueve?

2 —¿Cómo te va el nuevo trabajo?

—La verdad es que me _toca_ las horas extras que tengo que hacer.

3 —¿Qué tal te ha ido el examen de química?

—Me ha _parecido_ muy fácil.

4 —¿Quién paga las cervezas hoy?

—A Pepe le _____ hoy. _ocurre_

5 —¿No notaste mi americana nueva?

—Sí, pero no quería decirte que no te _importa_ bien.

6 —Hombre, ¿qué te _desagrada_?

—Nada. Dormí mal anoche y me pican los ojos.

7 —¿Qué les _resulta_ el piso?

—La verdad es que buscábamos uno algo más económico.

8 —Al profesor no parece _sentar_ le que Raúl se haya dormido en clase.

—Claro. Como el tipo no levanta nunca los ojos…

9 —No es que no me _gusta_ la cámara sino que los aparatos de importación tienen unos precios desorbitados.

—Ya.

10 —¿Les _apetecen_ un café antes de entrar?

—Hombre, no hemos hecho sino tomar café toda la mañana.

11 —Hijo, prueba las patatas.

—Ya las probé. Les _falta_ sal.

¡Las Cosas Claras!

A Termine el siguiente diálogo entre Paco y su mujer Emilia. Emilia espera su primer hijo en un par de semanas. Ya han cenado y Emilia termina de lavar los platos. Paco saca un cigarrillo y enciende la televisión. Emilia se mueve incómoda.

    EMILIA: Paco...

    PACO: Sí, mujer. ¿Qué te pasa?

    EMILIA: Creo que ya viene.

    PACO: No puede ser. Es demasiado pronto. Tú te lo imaginas.

    EMILIA: No, hijo. Ya siento molestias. ¿Le has echado gasolina al coche?

    PACO: Descuida, mujer. Ese niño no llega hasta finales de mes. ¿Lo has oído? Ponen una película extranjera en la tele.

    EMILIA: Paco...

B Prepare una charla sobre los preparativos que hay que hacer para pasar unas vacaciones en Acapulco. Ud. vive en una zona residencial a tres cuartos de hora de la ciudad de Filadelfia.

6 El Automovilismo

CONDUCTOR: El espejo retrovisor debe poner ante tus ojos 50 metros de calzada por lo menos. Míralo con frecuencia

Córdoba, Córdoba

retrovisor rear (mirror)

calzada highway

Conductor: a ese anciano que cruza despacio, a esa anciana que cruza torpemente, a esa persona que cruza quizá por donde no debe. ¡deles tiempo!

El Norte de Castilla, Valladolid

CONDUCTOR: Las infracciones al artículo 289 del C. C. llevan consigo, además de la sanción normal, la retirada del carné. No des lugar a ello.

Ideal, Granada

C.C. Civil Code (Código Civil)

carné driver's license (carnet)

CONDUCTOR. Circulando por la derecha contribuye a un tráfico más seguro.

Hoja del Lunes, Granada

CONDUCTOR: Circular lentamente por el centro, pegado al eje de la carretera, significa taponar la circulación y dar lugar, tal vez, a peligrosas maniobras.

El Adelanto, Salamanca

eje center divider

taponar to obstruct

CONDUCTOR: Demuestra tu educación automovilística respetando y colaborando con los demás conductores

Hoja del Lunes, Granada

CONDUCTOR: Es más económico poner a punto los silenciosos del vehículo, que pagar una sanción.

Hoja del Lunes, Granada

silenciosos (silenciador) muffler

CONDUCTOR: Mantener la derecha es velar por su propia seguridad y la de los otros.

El Adelanto, Salamanca

CICLISTA: Sin luces llevas tres cuartos de muerte sentada en el cuadro.

Córdoba, Córdoba

cuadro frame (of a bicycle or motorcycle)

APARQUE correctamente

Ideal, Granada

quinto pino *at a great distance; "in left field"*

INSULTO PARA CONDUCTORES

Ha caído en mi poder esta hojita impresa, que se distribuye como accesorio para uso del automovilista. Muy útil cuando es necesario insultar al conductor que ha aparcado su coche ocupando dos espacios.

¡¡Gracias!!
Por haber ocupado con su coche 2 espacios, he tenido que ir a aparcar al quinto pino.
Su coche además de tener sus caballos tiene un BURRO.
¡¡PIENSE EN LOS DEMAS!!

Luis Carandell, "Celtiberia Show", *Triunfo*, Madrid, N° 625, 21 de septiembre de 1974.

Si toma no maneje; si maneja no tome

El Comercio, Quito

Cuestionario

1 ¿Qué se entiende por "el quinto pino?"

2 ¿Quién es el "burro" de la hojita?

3 Al conductor que toma, ¿qué se le aconseja?

4 ¿Qué se le pone al conductor que no haga reparar los silenciosos?

5 ¿A quiénes debe darles tiempo el conductor?

6 ¿Por qué le conviene al ciclista encender las luces?

¿Me da una chispa, por favor?

chispa battery cable start, "jump"

PREGUNTA.—La señorita Mercedes Baeza Castro, de Madrid, nos dice que tiene el permiso de conducir muy reciente, y que las "pegas" de su coche se le acumulan una tras otra. Es consciente de que no lo hace bien, pero también culpa un poco al coche, de segunda mano, que le está dando bastante guerra. Uno de los problemas típicos es el arranque por la mañana. A base de ocurrirle este problema, ha llegado a aprender cuándo es el motor de arranque el que falla y cuándo la batería. Ya sabe hasta que para arrancar sin batería debe buscar quien le empuje el coche, y cuando adquiera cierta velocidad, se suelta el embrague para que la marcha introducida haga girar al motor. Pero, cuando esté encallejonada entre dos coches en el estacionamiento, ¿cómo arrancar el motor si no puede sacar el coche de allí para que se lo empujen? ¡Ella pide una solución, por favor!...

pegas defects; "bugs"

arranque starting (act of)
fallar to fail
soltar to release
embrague clutch
girar to turn over
encallejonado stuck

RESPUESTA.—¡No se apure, mujer! Que todo, o casi todo, tiene arreglo en esta vida. Todo consiste en buscar quien le deje una chispa, en lugar de buscar quien le empuje el coche. Vaya al primer automovilista que vea con cara de buenos amigos, o de galante a la antigua usanza, y dígale: "¿Me da una chispa, por favor?..."

apurarse to worry

Resulta que si usted dispone de dos cables gruesos, puede establecer conexión entre los bornes de su batería y los del otro coche, y servirse para arrancar de la batería — de la chispa — del otro coche, porque ha establecido un puente con él. Lo mejor son los cables con pinzas de cocodrilo, que es un elemento que no estorba, sino todo lo contrario, llevar en el maletero del coche.

bornes terminals

pinzas de cocodrilo alligator clamps
estorbar to get in the way
maletero trunk

Hay que unir borne positivo con positivo, y negativo con negativo. Limpiando arriba del borne se puede leer el signo "más" o el "menos" para emparejarlos debidamente. Pero si estuvieran borrados o ilegibles los signos, no se preocupe. Todo lo más que puede ocurrirle si no coincide el segundo cable es que salte una chispa espectacular, pero nada perjudicial. Pida chispa a otro automovilista y arrancará su coche en el aparcamiento sin empujarle. Claro que el donante deberá arrimar su vehículo al de usted para establecer el puente. Pero eso no es problema, si en persona resulta usted tan simpática como por carta...

más positive; plus
menos negative; minus
emparejar to match
saltar to fly; to jump out

arrimar to bring close

Sábado Gráfico, N° 903, 21 de septiembre de 1974, Madrid.

Seat 133: Del proyecto a la realidad

De la factoría Seat, en Barcelona, comienza a salir un nuevo modelo. Atrás se han quedado muchas horas de trabajo tanto en los paneles de diseño como en el montaje de la cadena. El Seat 133, por supuesto, no se ha improvisado. Es el fruto de una madurez técnica industrial española que ha recibido la colaboración de ingenieros de Fiat.

El Seat 133 es un coche nuevo, fabricado íntegramente en España. Es un producto absolutamente español, en cuanto a producción se refiere. El nuevo coche recibe como herencia la fiabilidad mecánica de toda la etapa automovilística que cubrió el Seat 600; pero, además, se alimenta desde el primer momento de los factores de seguridad y del "styling" que vistió al 127. Con características propias y con una situación clave en el sector del automóvil a nivel mundial, el nuevo Seat 133 tiene personalidad propia desde el punto de vista mecánica y estructural.

Inserto en una economía de consumo que ve mermadas las fuentes energéticas, el 133 definirá, sin duda, una nueva psicología del usuario que tiene conciencia de la funcionalidad del automóvil. De su automóvil. De su Seat 133.

SEAT, N.° 88, junio de 1974, Madrid.

paneles de diseño *drawing boards*
montaje *construction*
cadena *assembly line*

fiabilidad *reliability*

clave *key (adj)*

mermado *reduced*
usuario *owner*

Madrid-Moscú en un Seat 133

Una simpática prueba a la que fue sometido el nuevo modelo de Seat 133, ha sido la realizada por dos matrimonios que hicieron el viaje Madrid-Moscú a bordo de dos Seat 133 en cuyo viaje invirtieron veintiún días, recorriendo una totalidad de 10.407 kilómetros.

Este recorrido, hecho a través de once países, y según manifestaciones de los propios protagonistas, hecho a plena satisfacción y sin ningún contratiempo, en lo que al vehículo se refiere.

El éxito obtenido por el 133 en el mercado español ha sido y sigue siendo muy notable, ya que este modelo en la actualidad es el de mayor demanda de los fabricados en nuestro país.

Nuevo Diario, Madrid, el 24 de septiembre de 1974.

prueba *test*
someter *to submit*
invertir *to invest*
contratiempo *incident*

Cuestionario

1 ¿Cómo soluciona la Srta. Baeza Castro el problema del arranque por la mañana?
2 ¿Para qué problema pide ahora una solución?
3 ¿Con qué se establece un puente?
4 ¿En dónde se le recomienda guardar los cables?
5 ¿Qué ocurre si se conectan mal los cables?
6 ¿Qué debe hacer el donante para establecer el puente?
7 ¿En dónde se fabrica el Seat 133?
8 ¿Qué "ha heredado" el Seat 133 de otros modelos?
9 ¿Qué fuentes se han mermado?
10 ¿Cuánto se tardó en el recorrido Madrid-Moscú ida y vuelta?
11 ¿Quiénes realizaron el viaje?

Sinónimos

_____ arreglo   a viejo
_____ mermar   b usado
_____ coche   c chófer
_____ permiso   d fábrica
_____ lentamente   e manejar
_____ reparar   f multa
_____ fabricar   g manufacturar
_____ sanción   h poner a punto
_____ de segunda mano   i carro
_____ conducir   j estacionarse
_____ factoría   k circulación
_____ calzada   l disminuir
_____ tráfico   m despacio
_____ anciano   n carretera
_____ conductor   o carnet
_____ aparcar   p solución

Cuestiones Gramaticales

A Complete las siguientes frases según el modelo.

Modelo: Conductor: Demuestra tu educación automovilística _____ (respetar) a los demás conductores.

Conductor: Demuestra tu educación automovilística respetando a los demás conductores.

1 Español: Demuestra tu amor a la patria _____ (saludar) a la bandera nacional.

2 Madrileño: Demuestra tu afición al Club de Fútbol Real Madrid _____ (sacar) tu entrada con antelación.

3 Conductor: Demuestra tu educación automovilística _____ (conducir) con prudencia y sin correr.

4 Universitario: Demuestra tu seriedad escolar _____ (devolver) los libros prestados en el día señalado o antes.

5 Mujer: Demuestra tu lealtad a tus hermanas _____ (luchar) por la igualdad femenina.

B Complete las siguientes frases según el modelo.

Modelo: ¡¡Piense _____ los demás!!

¡¡Piense en los demás!!

1 ¿Qué piensas _____ mi proyecto?

2 El viajero pensaba _____ su mujer y sus hijos.

3 Pienso sólo _____ ti, mi vida.

4 Quería saber qué pensaba yo _____ mi jefe.

5 Nos preguntó lo que pensábamos _____ hacer esta noche.

¡Las Cosas Claras!

A Escriba una carta al Sr. Director del diario mexicano *Novedades* criticando la mala educación automovilística de los conductores de la capital mexicana. Señale Ud. la falta de semáforos, las maniobras peligrosas, las velocidades imprudentes y el poco respeto automovilístico con que se tratan los unos a los otros. No olvide de señalar que el peatón corre peligro de ser atropellado en cuanto salga de su casa.

B Su coche se encuentra encallejonado entre dos coches en un aparcamiento subterráneo. Ud. ya lleva un cuarto de hora tratando de arrancar el motor de su coche. A unos pocos metros, un automovilista se acerca a su propio coche, lo abre con llave, sube y se pone a salir del aparcamiento. Aproxímese al señor, explíquele lo ocurrido y pídale una "chispa". Por fortuna, él dispone de los cables necesarios pero no sabe cómo se usan.

7 El co$te de

MARCELINA   **Por CARLOS**

Ciudadano, Madrid, Nº 12, septiembre de 1974.

Ya, Madrid

la vida

Ya, Madrid

Cuestionario

1 ¿Qué simboliza la cesta de la compra que se lo come todo?

2 ¿Qué es lo que no entiende el señor?

3 ¿Por qué se cierran en agosto muchos establecimientos comerciales?

4 ¿Qué decía el letrero de la taquilla del Metro?

5 ¿De qué creía Marcelina que se había aprovechado la Dirección del Metro?

6 ¿Qué hizo ella como reacción a la subida de las tarifas?

Aceituna: en manos americanas

El olivar constituye el cultivo de más abolengo de Andalucía. Importantes vestigios arqueológicos romanos y descripciones de agrónomos árabes atestiguan la importancia de este cultivo en épocas remotas. La aceituna sevillana, en sus variedades más selectas, representa prácticamente un monopolio mundial; pero aparte de ello, Sevilla es el centro comercial e industrial aceitunero más importante del mundo, por lo que se refiere a la aceituna de mesa.

El mercado nacional sólo absorbe una pequeña proporción de la producción sevillana, y su tasa de expansión es muy moderada, entre un 5 y un 8 por 100. La industria aceitunera emplea una media anual de 18.000 trabajadores, en su mayor parte, mujeres.

El mercado exterior tiene una importancia vital para el sector, ya que absorbió nada menos que el 85 por 100 de la producción. Dentro del mercado exterior, el mercado norteamericano no es solamente el más antiguo sino con mucho es el más importante, ya que aportó el 75 por 100 de los ingresos en 1973. Actualmente, la aceituna ocupa el segundo lugar de las exportaciones hacia los Estados Unidos, tras el calzado.

La aceituna que durante el siglo XIX se consumía en Norteamérica procedía de California; fue la aceituna sevillana, mucho más barata, la que desplazó a aquélla. A finales de la última década, comenzaron a arribar al puerto de Nueva York aceitunas que luego se deshuesaban y se rellenaban de pimiento. La aceituna rellena ha sido un invento americano.

La aceituna es un producto de superlujo; sólo son capaces de pagarla los americanos. La mayor parte de la aceituna que se consume en los Estados Unidos no se come; sirve tan sólo para adornar platos de cocina o para el "martini". Antes resultaba barata la aceituna, pero ahora ya no. La aceituna ha subido proporcionalmente mucho más que el nivel medio de vida americano. En el momento en que el bote de aceitunas pase, dentro de los supermercados, a la sección de *delikatesen*, junto con el caviar ruso y el foiegras francés, habrá terminado el mercado americano.

Adaptado de Ignacio Romero de Solís, "Aceituna: En manos americanas", *La Ilustración Regional*, Sevilla, N° 2, octubre de 1974.

olivar olive grove
abolengo ancestry
vestigios ruins
atestiguar to attest

tasa rate
media average

aportar to contribute
calzado footwear
proceder to originate
desplazar to displace
arribar to arrive at
deshuesar to remove the pits
rellenar to stuff

bote jar

Sinónimos

____	antigüedad	a	casi
____	vestigios	b	contribuir
____	remoto	c	señales
____	absorber	d	arribar
____	prácticamente	e	lejano
____	llegar	f	adquirir
____	aportar	g	abolengo

Cuestionario

1 ¿Desde cuándo data el cultivo de la aceituna en Andalucía?

2 ¿De qué tipo de aceituna se trata el artículo?

3 ¿Qué tanto por ciento de la producción aceitunera se consume en España?

4 ¿Qué producto constituye la principal exportación hacia los Estados Unidos?

5 ¿De dónde era la aceituna que se consumía anteriormente en Estados Unidos?

6 ¿Cómo pudo desplazarla la aceituna sevillana?

7 Según el artículo, ¿en dónde se deshuesan y se rellenan las aceitunas?

8 ¿Dónde tiene su origen la aceituna rellena?

9 ¿Con qué fines se importan las aceitunas que se consumen en Estados Unidos?

Sección Léxico-Cultural

1 Sevilla queda en el _____ de España.

2 El "martini" se elabora a base de _____ y vermut blanco.

3 Un producto de _____ suele ser muy caro.

4 La renta anual de la familia repercute directamente en el _____ de vida que se lleva.

5 Una década consta de _____ años.

6 La _____ de expansión de una economía nacional o de una industria se calcula sobre la base del año anterior.

7 La segunda industria de Andalucía es la de la exportación de _____ y brandies de Jerez.

"Operación Retorno"

retorno *return*

A la melancólica vuelta de las vacaciones, los madrileños, y en especial las señoras, se han encontrado con la no muy grata sorpresa de la subida de precios, sobre todo en lo que concierne a la cesta de la compra. La leche, el pan, el aceite y otra larga lista de productos alimenticios, entre los que, naturalmente, no falta la carne, han aprovechado las vacaciones veraniegas de agosto para dar un empujoncito a sus precios.

grato *pleasant*
concernir *to relate to*
cesta de la compra *shopping basket*
veraniego *pertaining to the summer*
empujoncito *slight push*

Como la escena se repite cada año—la escena de las subidas de precios en septiembre — las amas de casa ya habían previsto las nuevas "operaciones" en su presupuesto diario al retorno del veraneo. Pero, según nos han manifestado ellas mismas, las subidas de este año han sobrepasado, en cuanto a la lista de artículos con tendencia a subir se refiere, todas las previsiones que habían hecho.

ama de casa *housewife*
prevenir *to foresee*
presupuesto *budget*
veraneo *summer vacation*
sobrepasar *to exceed, surpass*
previsiones *advance plans*

Otro de los gastos extras del hogar en estas fechas son los que corresponden al presupuesto escolar. Si bien los precios de matrículas, en cuanto a colegios privados se refiere, no han experimentado subida notoria, no puede decirse lo mismo de los artículos para el colegial, entre los que se encuentran libros, materiales de escritorio, uniformes, carteras, etc. Sobre todo, los uniformes han disparado los precios. Al parecer, los que el curso pasado costaban unas tres mil quinientas pesetas, este curso cuestan mil pesetas más.

experimentar *to undergo*
notorio *evident*
colegial *student*
materiales de escritorio *school supplies*
cartera *book bag*
disparar *to shoot up sharply*

Otra de las subidas populares que esperaban a los protagonistas de la Operación Retorno era la del Metro. Hemos preguntado en algunas taquillas del Metro sobre si ha habido muchos despistados que hayan querido pagar el billete con los precios de julio. Y, en efecto, aproximadamente cinco de cada cien viajeros, el lunes, ignoraban la subida de las tarifas, por lo que la sorpresa también les llegó al retorno del veraneo.

taquilla ticket or box office
despistado absent-minded or confused

Adaptado de Angel del Río López, "Las amas de casa se han encontrado con más subidas de precios", Ya, Madrid.

Sinónimos

_____ vuelta   a especialmente

_____ tristeza   b aparentemente

_____ manifestar   c exceder

_____ sobrepasar   d declarar

_____ al parecer   e melancolía

_____ sobre todo   f retorno

Cuestionario

1 ¿A qué "retorno" se refiere el articulista?

2 ¿Quiénes notan más la subida de precios?

3 ¿En qué repercuten más las subidas de precios de septiembre?

4 ¿Qué se entiende por "el presupuesto diario"?

5 ¿Cómo han sido las subidas de este "retorno"?

6 ¿Por qué se aprovecha el mes de agosto para subir los precios?

7 ¿Qué ignoraban muchos de los viajeros del Metro?

Sección Léxico-Cultural

1 Tanto los franceses como los españoles suelen salir de _____ el mes de agosto.

2 Los productos _____ son los que se destinan a la mesa.

3 Hacer _____ quiere decir anticipar algo que ha de pasar.

4 Los libros y los materiales de escritorio figuran entre los gastos _____ .

5 El Metro suele ser el medio de _____ más económico.

6 Para _____ al Metro de Madrid hay que sacar un billete.

7 Los billetes del Metro se despachan en las _____ .

Cuestiones Gramaticales

A Cambie las siguientes frases según el modelo.

Modelo: Las tarifas del Metro han subido dos pesetas.

Las tarifas del Metro han vuelto a subir dos pesetas.

1. Los comercios han cerrado a la una.
2. El perro ha corrido tras el cartero.
3. ¡Te has llevado mi cuaderno!
4. La cesta de la compra se lo ha comido todo.
5. El Presidente ha hecho uso de la palabra.
6. Los comerciantes han aprovechado la ausencia de los madrileños.
7. Los uniformes han subido mil pesetas más.
8. Nos hemos encontrado con Raúl en la Plaza Mayor.
9. El niño se ha sentado en el sofá.
10. El día de Navidad ha caído en domingo.

B Cambie las siguientes expresiones según el modelo.

Modelo: el cultivo de la aceituna   el cultivo aceitunero

1. la industria del petróleo
2. el consumo del tabaco
3. la producción de la leche
4. la industria del pan
5. la cosecha del trigo
6. el cultivo del café
7. el consumo del azúcar
8. la riqueza del algodón
9. la explotación de la plata
10. la industria del camión

¡Las Cosas Claras!

A Termine el siguiente diálogo entre la Sra. de Martínez y la Sra. de Gómez, dos vecinas que se encuentran en el ascensor de su casa. Acaban de regresar de un mes de veraneo; están bronceadas por el sol alicantino. La Sra. de Martínez viene del supermercado y está cargada de paquetes.

    Sra. de Martínez: ¿Has salido ya de compras?

    Sra. de Gómez: Todavía no. Tengo que salir esta tarde sin falta.

    Sra. de Martínez: ¡Vaya sorpresa que te vas a llevar!

    Sra. de Gómez: No creo. Ya hemos hecho las previsiones necesarias.

    Sra. de Martínez: También las habíamos hecho nosotros, pero no creíamos que los precios fueran a subir un 20 por 100 en un solo mes.

B Escriba una breve carta al Sr. Director del diario *ABC* en la que se queje Ud. de la llamada "Operación Retorno" que espera a los españoles a la vuelta de las vacaciones veraniegas. Lamente Ud. el poco civismo de esos comerciantes que esperan a que se vacíen las grandes ciudades para subir los precios de los comestibles y los artículos para los colegiales. Señale Ud. la necesidad de crear una entidad independiente que vele por los derechos del consumidor español.

8 Asuntos Exteriores

Foto: Cadena de Revistas Eugenio Suárez

Relato de un viaje a la vendimia francesa

vendimia *grape harvest*

Son las siete de la mañana en un pueblo andaluz. Acabo de descender del tren que me ha traído hasta Iznalloz, a unos treinta kilómetros de la capital de Granada, con el objetivo de realizar un viaje junto a los emigrantes de esta pequeña población que se dirigen al sur de Francia para trabajar en la vendimia durante septiembre y octubre. Prefiero desayunar en la misma estación de Iznalloz, donde existe una pequeña cantina, de ambiente familiar, atendida por un hombre corpulento que me sirve mientras se afeita para ir a misa de ocho. "...Aquí no hay trabajo",— me dice el hombre. — "Tendrían que poner industrias en el pueblo; sólo hay dos que proporcionan cierto trabajo... Van bastantes gitanos a la vendimia... y otros que no son gitanos, incluso con toda la familia".

Foto: Cadena de Revistas Eugenio Suarez

Foto: Cadena de Revistas Eugenio Suarez

Un reducido número de asistentes a la misa, principalmente mujeres, escucha el sermón del párroco, un hombre de aspecto fuerte y estatura media, que intenta prevenir a los reunidos sobre la contradicción de una sociedad que sólo sirve al dinero. "...Nadie puede servir a dos señores, pues o bien aborreciendo al uno amará al otro, o apegándose al uno menospreciará al otro— dice el sacerdote celebrante de la misa... —No podéis servir a Dios y a las riquezas...".

Rogelio, el párroco de Iznalloz, también se marcha a la vendimia en este mismo día con sus vecinos, dado que muy pocos quedarán en el pueblo, y considera— según me dice —que su puesto está junto a ellos. Se muestra contento de poder hacerlo como uno más, y conocer así los problemas que sufre la emigración española en territorio extranjero. "...Pero no es el primer año que voy a la vendimia francesa",— me indica Rogelio. —"Había ido también otro año... La situación del emigrante depende del patrón que te toca; si tienes suerte con él, puedes ganar un buen salario y dormir incluso en buenas condiciones. En la última ocasión en que emigré como temporero con mis vecinos, me tocó dormir en una verdadera "pocilga". Y nos descuentan el alojamiento y la comida...".

La estación se encuentra repleta de emigrantes y familiares. En esta expedición salen unos cien vecinos, que pronto suben al tren, compuesto de

párroco *parish priest*
prevenir *to caution*
aborrecer *to hate*
apegarse *to become attached to*
menospreciar *to scorn*

temporero *migrant worker*
pocilga *pigsty*
descontar *to deduct*
repleto *full*

quince vagones, al que se incorporan a lo largo del itinerario otras masas humanas. Apenas iniciada la marcha y aposentados como, bien o mal, pueden (depende de que tengan o no la reserva expedida por la RENFE), se inician los cantes de flamenco y el rasgueo de guitarras alternando con el vino.

Estancia en Madrid durante todo el día en espera de la salida del tren hasta Irún, por la noche, que ocasiona nuevos gastos a los emigrantes: desplazamientos en la capital de una estación de ferrocarril a otra, comidas, consigna de equipajes y otros, propios de la permanencia de un día en la capital de España. La llegada a Irún, a las ocho de la mañana, fue indescriptible. Continúa siendo ilógico que el examen médico se realice en la misma frontera española, con el riesgo de no admitir a trabajadores que no reúnan las condiciones sanitarias exigidas por el cuerpo médico francés, como ocurrió con varios emigrantes, que fueron rechazados y tuvieron que regresar a su pueblo. Estos rechazados deben volver sin recuperar las inversiones de los gastos efectuados, como la obtención del pasaporte, estancia en Madrid, compras masivas de artículos alimenticios para el período de trabajo (que no hubieran realizado si no contaran con unos ingresos posteriores), y finalmente; el regreso para presentarse como fracasados ante sus vecinos.

aposentado *seated*
expedir *to sell*
RENFE *Spanish National Railroad* **(Red Nacional de Ferrocarriles Españoles)**
rasgueo *strumming*
alternar *to alternate*
desplazamientos *transfers*
consigna *checking (of baggage)*
reunir *to possess*

fracasar *to fail*

Adaptado de Adolfo C. Barricart, "Relato de un viaje a la vendimia francesa", *Sábado Gráfico*, Madrid, N.º 905, 5 de octubre de 1974.

Sinónimos

_____ estancia   a expedido

_____ descender   b corpulento

_____ cura   c lleno

_____ odiar   d permanencia

_____ repleto   e bajar

_____ gordo   f sentado

_____ aposentado   g párroco

_____ vendido   h aborrecer

_____ ocasionar   i dar lugar a

_____ reconocimiento   j examen

Cuestionario

1. ¿Cuál fue el motivo del viaje del periodista a Iznalloz?
2. ¿Qué hacía el cantinero mientras atendía al periodista?
3. ¿Cuál era el tema del sermón que predicaba el párroco?
4. ¿Por qué acompañaba Rogelio a sus vecinos a la vendimia?
5. ¿De qué dependía en parte la situación del emigrante español en Francia?
6. ¿Se llenaron los vagones en Iznalloz?
7. Al ponerse en marcha el tren, ¿qué se oía?
8. ¿Qué gastos suelen hacer los emigrantes antes de la partida?
9. ¿Por qué tuvieron que regresar a Iznalloz varios de los emigrantes?
10. ¿Qué tiene de ilógico el que el examen se realice en la misma frontera?

Sección Léxico-Cultural

1. La sigla RENFE se deriva de las palabras _____ Nacional de _____ Españoles.
2. Granada, Sevilla y Córdoba son provincias de la región de _____ .
3. La recogida de la uva se llama la _____ .
4. Un tren se compone de muchos _____ .
5. _____ es una ciudad fronteriza española muy importante.
6. Los asistentes a la _____ son los miembros de la parroquia.
7. El párroco de Iznalloz era otro _____ más que se marchaba a la vendimia.
8. Muchos de los que se marchaban al sur de Francia eran _____ .

Cuba para principiantes

PARA COMPRENDER LO QUE SIGUIÓ EN CUBA AL TRIUNFO DE FIDEL CASTRO, HAY QUE MIRAR BIEN LO QUE ERA **CUBA** en **1959**

triunfo *triumph, victory*

RIUS, *Cuba para principiantes*, 7.ª ed., Fondo de Cultura Popular: México, D.F., 1970.

AL TRIUNFO DE LA REVOLUCIÓN, CUBA ERA - COMO CUALQUIERA DE LOS PAISES DE AMÉRICA LATINA - UNA "PEQUEÑA GRAN DEMOCRACIA"... PARTE DEL "MUNDO LIBRE" Y ORGULLO DE NUESTRA "CIVILIZACIÓN OCCIDENTAL"

EN NUESTROS DÍAS, CUBA SERÍA UNA MÁS DE ESAS "DEMOCRACIAS REPRESENTATIVAS" TAN DEL AGRADO GRINGO:

agrado *liking*

EL AZÚCAR, SU MAYOR RIQUEZA, LO CONTROLABA, COMPRABA Y VENDÍA EL TÍO SAM...

¿Y LOS BANCOS? ..ERAN DEL TÍO SAM...

¿Y EL CAFÉ? ¿Y LA LECHE? ¿Y LA FRUTA?

¿Y EL TABACO CUBANO, EL MEJOR DEL MUNDO..??

¿Y LAS RICAS MINAS DE ZINC, COBRE Y PLOMO?

plomo lead

¡..ES QUE NO ME GUSTA HACER LAS COSAS A MEDIAS..!

a medias half way

¿QUIÉN SE IMAGINAN QUE ERA DUEÑO DE LAS MEJORES TIERRAS DE LA ISLA MÁS FÉRTIL DE AMÉRICA LATINA?

PUES LOS "PRIMOS" (O SEA, LOS HIJOS DEL TÍO SAM)

Y AUNQUE ESTO SE VUELVA MUY ABURRIDO... ¿DE QUIÉN ERAN EN CUBA LOS HOTELES, LOS FERROCARRILES, EL PETRÓLEO, LOS CASINOS, LOS TELÉFONOS Y HASTA LOS BEISBOLISTAS..???

JE,JE,JE: ADIVINARON

adivinar to guess

¿Y QUIÉN CREEN QUE LE VENDÍA A CUBA TODO, DESDE AUTOS HASTA PALILLOS, DESDE MAQUINARIA HASTA FRIJOLES PARA EL ARROZ CON FRIJOLES?

palillos toothpicks

Dependiendo en cuerpo y alma del Tío, el resto se explica fácilmente, como en cualquier democracia:

⬇

El gobierno era corrompido, la prensa se dejaba corromper, los políticos corrompían a los sindicatos, los negocios se hacían a base de corrupción, las elecciones estaban de antemano corrompidas, la Habana era el burdel más corrupto del mundo y la corrompida policía servía para evitar que la corrupción llegara a su fin...

¿Qué será?.. Como que me huele feo...

burdel bordello, house of prostitution

"Algo" andaba mal en Cuba, pero eso y más cosas ocurren en cualquier democracia representativa y latinoamericana que se respete y respete al Tío...

Otras democráticas virtudes no podían faltar en Cuba:

En 1958 había medio millón sin trabajo

Y como siempre nos ven sin dar golpe, dicen que los cubanos somos flojos...

flojos lazy

Cada año se quedaban sin escuela medio millón de niños... sin tomar en cuenta que ya dos terceras partes de los niños no tenían escuela primaria...

¡Otro año sin escuela! A este paso terminaré de bongocero o de diputado...

bongocero bongo player

Cinco millones de cubanos (en una población de seis millones) no tenían casa propia y vivían en "bohíos" sin luz, ni agua, ni mucho menos W.C...

A esto le dicen "folklore", chico..

bohío shack, hut

En el campo la gente no era dueña ni de la tierra que trabajaba. No tenía escuelas, ni hospitales, faltaban 10 mil maestros y el analfabetismo alcanzaba un 43%...

"Hasta que le tocó su tierra a Facundo.."

analfabetismo *illiteracy*

Rodeado de mar, el cubano pobre no podía ir a las playas porque eran privadas (y si era negro menos...)

"No hay nada que envidiarle a los USA tenemos también discriminación.."

envidiar *to envy*

Había poco trabajo y mal pagado y cuatro meses al año ni siquiera eso: se acababa la zafra y cada quien se iba a su casa a morirse de hambre ("de vacaciones", decían los patrones!..)

zafra *sugar cane harvest*

("eso" fué lo que encontró la revolución...)

82

Como puede verse, la revolución tenía dos paquetes encima: la corrupción y la dependencia económica que juntos formaban un sólo paquete:

¡TREMENDO PAQUETE, MI SOCIO!

socio *partner*

De la comprensión del tío dependía el futuro...

Sinónimos

_____ propietario   a particular

_____ comprender   b palillos

_____ país   c victoria

_____ triunfo   d gringo

_____ yanqui   e entender

_____ mondadientes   f nación

_____ flojo   g dueño

_____ privado   h perezoso

Cuestionario

1 ¿Quién mandaba a los revolucionarios cubanos?
2 ¿Cuál es el producto agrícola más importante de Cuba?
3 ¿Qué fama tiene el tabaco cubano?
4 ¿Quiénes eran los "primos" de los cubanos?
5 ¿Cuántos niños se quedaban sin ir a la escuela cada año?
6 ¿Cuántos cubanos no contaban con casa propia?
7 ¿En qué vivían ellos?
8 ¿De cuántos maestros había necesidad?
9 ¿Qué tanto por ciento de los cubanos era analfabeto en 1959?
10 ¿Qué hacían los campesinos una vez acabada la zafra?

Sección Léxico-Cultural

1 Hernán Cortés salió de Cuba para emprender la conquista de _____ .
2 El "Maine" explotó en _____ matando a casi todos los marineros a bordo.
3 El Tío Sam es el símbolo de los _____ .
4 El antiguo presidente _____ tuvo que huir de Cuba en 1959.
5 Muchos de los cubanos que salieron de la isla emigraron a los Estados Unidos y al estado de la _____ en particular.
6 El bloqueo de Cuba tuvo lugar durante la administración del fallecido presidente _____ .
7 El _____ es el estudio de las costumbres y creencias populares, los trajes regionales, etc.
8 Ser analfabeto quiere decir no saber _____ ni _____ .
9 El que vive _____ de mar vive en una isla.
10 Las letras W.C. significan _____ .

Las exportaciones

El artículo de hoy trata de una lista de las licencias de exportación concedidas últimamente y que voy a reproducir para ustedes:

Para Alemania, 80.000 kilos de tierra y 14 de castañuelas; para Dinamarca, 23 kilos de guitarras; para Francia, 10.000 kilos de glóbulos rojos; para Suecia, 5.840 kilos de flores; para Checoslovaquia, 15.000 kilos de carne de ciervo; para el Congo Kinshasa, 1.727 kilos de chupa-chups; para el Líbano, 769 kilos de bañadores; para Marruecos, 450 kilos de "whisky"; para la República Sudafricana, 110 kilos de balones; para los Estados Unidos, 2.160 kilos de sangría y 1.512 kilos de mariscada, y para Méjico, 29 kilos de abanicos.

Uno, que se ha pasado la vida preguntándose cómo se hacen los negocios, nunca hubiera pensado que la exportación de tierra, o de castañuelas, o de glóbulos rojos, pudiera ser negocio. ¿Y ustedes? ¿Hubieran sospechado que el laborioso pueblo alemán necesitaba castañuelas?... ¿Se les podía haber ocurrido que los agitados negros del Congo Kinshasa estaban ansiosos de chupa-chups?... ¿Habían imaginado que en el Líbano estaban faltos de bañadores?...

castañuelas castanets

glóbulo rojo red corpuscle
ciervo deer
chupa-chup lollipop
bañador bathing suit

mariscada shellfish

Pero la exportación más asombrosa es la de esos 10.000 kilos de glóbulos rojos para nuestros vecinos los franceses, porque ¿cómo se pueden exportar 10.000 kilos de glóbulos rojos? ¿En su propia salsa? ¿Congelados como la merluza del Cantábrico? ¿Inyectados en inocentes conejillos de Indias? Y, por otra parte, ¿dónde hay 10.000 kilos de glóbulos rojos disponibles o individuos que quieran desprenderse de ellos?

Aparte de eso, ¿para qué necesitan nuestros vecinos galos esos glóbulos rojos? Yo siempre les había encontrado de mal color, pero no hasta el punto de pensar que estaban necesitados de glóbulos rojos. Comprendería que necesitaran glóbulos rojos españoles los alemanes para tocar esas castañuelas que se han llevado; o los americanos para luchar con esos 1.512 kilos de mariscada; o los deportistas de la República Sudafricana para pelotear con esos 110 kilos de balones que les hemos mandado...

En fin, que nunca acaba uno de comprender a los pueblos, y acaso sea ésta la razón por la que nos llevamos tan mal los unos con los otros y los otros con los unos...

Adaptado de: Tono, "Las exportaciones", *Arriba*, Madrid, 13 de octubre de 1974.

salsa *gravy; juice*
congelado *frozen*
merluza *hake*
conejillo de Indias *guinea pig*
disponible *available*
desprenderse *to get rid of*
galo *French, Gallic*

Sinónimos

_____ últimamente   a desprenderse

_____ licencia   b industrioso

_____ asombroso   c venado

_____ laborioso   d ansioso

_____ deseoso   e recientemente

_____ ciervo   f permiso

_____ deshacerse   g sorprendente

_____ acaso   h tal vez

Cuestionario

1 ¿Qué importaron los mexicanos de España?

2 ¿Quiénes estaban necesitados de sangría y mariscada?

3 ¿De qué exportación española se sorprende más el articulista?

4 ¿Qué se pregunta con relación a la manera de realizar la exportación de este producto?

5 ¿Qué uso podrían sacar los alemanes de los glóbulos rojos?

Sección Léxico-Cultural

1 Al *bañador* también se le llama _____ .

2 El kilo consiste en algo más de _____ libras.

3 Por lo general la sangría se prepara a base de vino _____ .

4 *Méjico* suele escribirse _____ en la América Latina.

5 Los habitantes de _____ se llaman marroquíes.

Cuestiones Gramaticales

A Complete las siguientes frases con *por* o *para*.

1 El vuelo número 231 salió _____ Palma de Mallorca.
2 Tengo que bajar _____ cigarrillos; se me acabaron los que había comprado ayer.
3 _____ ser un americano, habla muy bien el castellano.
4 Entró en la casa _____ la puerta de atrás.
5 Piensan viajar _____ toda Centroamérica.
6 ¿_____ cuándo te hace falta?
7 Se quedó en Santiago _____ dos meses.
8 Se prepara _____ ser profesor de música.
9 Mi hermana preguntó _____ ti.

B Complete las siguientes frases empleando la "a" personal cuando sea necesario.

1 Juan me presentó _____ su esposa.
2 ¿Habla usted mucho _____ su perrito?
3 Sí, conozco bien _____ ese barrio.
4 Quiero mucho _____ mi padre.
5 Buscamos _____ una secretaria que sepa hablar español.
6 No he visto _____ nadie todavía.
7 Le contesté que sólo tenía _____ dos tíos.
8 Conocí _____ Marta en Madrid.
9 ¿Has visto _____ un niño rubio por aquí?
10 No temo _____ la muerte.
11 ¿_____ quién llamó usted?

¡Las Cosas Claras!

A Según la selección *Cuba para principiantes*, Estados Unidos era responsable en gran parte de las dificultades que atravesaba la isla en la década de los cincuenta (y mucho antes, desde luego). Es patente (evidente) el enfoque marxista de la selección. Señale las secciones de la selección que más reflejen una actitud anti-americana.

B Escriba una carta, que pudiera haber escrito Rogelio — el párroco de Iznalloz — al obispo diocesano en la que le comunique los motivos de su viaje a la vendimia francesa. El señor obispo había recibido noticias del viaje y le había mandado al párroco que le escribiera una carta en que justificara los motivos del viaje.

⑨ Los deportes

Foto: Gálvez y Vega Reportajes Gráficos, Madrid

Tono, "Cosas del fútbol", *Arriba*, Madrid, 24 de septiembre de 1974.

Cosas del fútbol

Creo haber dicho varias veces que no soy un entendido en técnicas futbolísticas, pero hay cosas que, por muy poco que se entienda de ellas, saltan a la vista. El fútbol es uno de estos casos.

Por ejemplo: los jugadores salen al campo sin otra misión que la de marcar goles, ¿no es así?... Pues bien; cuando algún jugador consigue meter el balón entre los palos de la portería "enemiga", el autor del gol sale corriendo como si temiera que le fuera a pegar el portero batido, y sus compañeros de equipo corren hacia él y se tiran como si fueran a formar la torre humana y le abrazan, y hasta le besan, como si lo que acabara de hacer fuera algo inesperado. ¿Por qué? ¿No era esto lo que se había propuesto? ¿A qué viene, entonces, ese entusiasmo?

entre... portería "enemiga" *in the opponent's goal*

batido *defeated*

y la fiesta brava

¿Qué dirían ustedes si un matador de toros, al hacer doblar al morlaco, saliera dando saltos por la plaza perseguido por los banderilleros, los picadores y los monosabios dispuestos a estrujarle entre sus brazos?... ¿O, si un mecánico, al soplar en el tubo de un carburador y comprobar que el coche funcionaba, empezara a saltar y a dejarse abrazar por los demás mecánicos y por los lavacoches del taller?... ¿O, si un cocinero, al acabar de freír unas patatas, se pusiera a brincar y fuera apretujado por los pinches, los camareros y hasta los parroquianos que habían pedido las patatas fritas?... No sería lógico, ¿verdad?

Yo mismo podría muy bien, al acabar un artículo que me parecía acertado, echar a correr por la escalera dando saltos, siendo abrazado por los vecinos, por el portero y por el cobrador del gas si llegaba en ese momento.

No. No es lógica esta manifestación de euforia futbolística, como tampoco es normal el que los seguidores de un equipo pretendan que éste gane siempre. Si así fuera, no habría necesidad de ver los partidos.

Otra de las cosas que tampoco entiendo es por qué se caen tanto los jugadores. En nuestra Fiesta nacional cuando se caen los toros, el público se indigna y arman unas broncas fenomenales. ¿Por qué no se hace lo mismo con los futbolistas? Yo estoy convencido de que la mayoría de esas caídas son premeditadas y se deben a la sed. Un jugador se deja caer y no se levanta. Entonces, aparece ese señor del maletín que trae una botella de agua y mientras él reconoce al jugador caído, los demás jugadores se hinchan de beber agua. Y cuando ya se han empapuzado bien, el jugador se levanta y sale corriendo como si tal cosa, mientras el señor del maletín se vuelve a su puesto a llenar la botella de agua para la próxima caída.

¿Y qué decir de ese intercambio de camisetas al acabar el partido? Puede que sea una manifestación muy deportiva, pero no deja de ser una marranada y pienso en lo que será la casa de un futbolista importante al cabo de la temporada, llena de camisetas de "enemigos", y pienso en la mujer del futbolista, que le dirá a su marido:

—¡Hijo! O tiramos todas esas camisetas o nos vamos a vivir a otra parte, porque en el cuarto de trofeos no hay ya quien respire.

doblar fall down (dead)
morlaco bull
monosabio bullring attendant
estrujar to squeeze, crush
soplar to blow (through)
taller shop (auto)
brincar to jump
apretujar to squeeze, press
pinches kitchen boys
acertado exceptionally good
armar una bronca to create a row or quarrel
maletín satchel (medical)
reconocer to examine
hinchar to swell, blow up
empapuzado to fill (gorge) oneself
como si tal cosa as if nothing had happened
camiseta official team jersey
marranada filthy or uncouth practice

91

Sinónimos

_____ dar saltos   a propósito

_____ acabar   b empezar a

_____ pegar   c terminar

_____ misión   d golpear

_____ echar a   e brincar

Cuestionario

1 ¿Qué hacen los compañeros cuando un futbolista marca un gol?

2 Según el humorista, ¿qué tiene de ilógico este comportamiento?

3 ¿Cómo sería una manifestación parecida en la plaza de toros?

4 ¿Por quiénes se dejaría abrazar el cocinero al terminar de freír una ración de patatas?

5 ¿Cuál sería el motivo de los saltos y abrazos tratándose de un articulista?

6 ¿Por qué se arma una bronca cuando se cae un toro en la plaza?

7 Según Tono, ¿con qué pretexto se caen tanto los futbolistas?

8 ¿Qué costumbre futbolística critica el humorista?

9 ¿Por qué propone la mujer del futbolista que se cambien de domicilio?

Sección Léxico-Cultural

1 El equipo que _____ el mayor número de goles gana el partido.

2 El matador, los banderilleros y los picadores son protagonistas de la _____ .

3 Hay que llevar el coche estropeado a un _____ mecánico.

4 Los parroquianos de un restaurante son los señores _____ .

5 El _____ pasa a domicilio para presentar el recibo del gas o de la luz.

6 Los seguidores de un equipo de fútbol son _____ fanáticos.

La magia del Rey revivió en USA

Después de apenas unos pocos días de entrenamiento, con sus nuevos compañeros del Cosmos, Pelé conmovió a más de 21.000 almas que coparon las localidades del Randalls Island Downing Stadium, el único estadio acondicionado para este deporte en Nueva York.

Se trataba de un encuentro amistoso y de exhibición entre el New York Cosmos contra el Dallas Tornados y que había terminado con empate a 2, en un partido bastante reñido y de mucha emoción. Sobresalió indiscutiblemente la habilidad y destreza del atleta mejor pagado del mundo, que, a pesar de no estar debidamente acoplado con su nuevo club, hizo demostraciones que maravillaron al público, convirtiéndose en el atractivo número uno del fútbol norteamericano.

Pocas estrellas del deporte han causado tanto revuelo como lo ha hecho la "Perla Negra" desde su llegada a Nueva York. Desde su primera conferencia de prensa, periodistas, reporteros y corresponsales de todo el mundo han asediado al reconocido futbolista, por lo que es constantemente protegido por agentes de seguridad, que dificulta la labor de los periodistas.

Durante la primera conferencia de prensa, Pelé dijo: "La afición brasileña estaba bastante contrariada, cuando ellos se enteraron de que me iba, especialmente cuando me negué a participar en el seleccionado brasileño para la Copa Mundial el año pasado". Después agregó: "Ellos son como todos los latinos, muy sentimentales. Cuando ellos se enteraron hace dos meses que me iba, se pusieron furiosos, pero también han empezado a entender que ésta es la oportunidad de exportar nuestra calidad".

Adaptado de John F. Iturralde, "La magia del Rey revivió en USA", *Vistazo*, Quito, N° 218, junio de 1975.

magia *magic*
revivir *to revive*
conmover *to move (with emotion)*
almas *spectators*
copar *to grab*
empatar *to tie (sporting event)*
reñido *hard-fought*
sobresalir *to excel*
indiscutiblemente *unquestionably*
acoplado *adjusted*
maravillar *to amaze*
revuelo *commotion*
asediar *to hound; harass*
afición *fans*
contrariado *annoyed*
seleccionado *national allstar team*
Copa Mundial *World Soccer Competition*

Sinónimos

_____ partido   a enojado

_____ reconocido   b disputado

_____ espectadores   c célebre

_____ reñido   d entrada

_____ contrariado   e almas

_____ localidad   f encuentro

Cuestionario

1 ¿En qué ciudad norteamericana realizó Pelé su debut?

2 ¿Qué equipo ganó el partido de exhibición?

3 ¿Qué distinción de tipo financiero tiene Pelé?

4 ¿Cómo quedó el público ante las demostraciones futbolísticas de Pelé?

5 ¿De quiénes anda rodeado constantemente Pelé?

6 ¿Qué le había contrariado a la afición brasileña?

Sección Léxico-Cultural

1 Le llaman a Pelé la "Perla Negra" porque _____ .

2 Pelé había jugado anteriormente en _____ .

3 Según Pelé, el fútbol brasileño se ha convertido en un producto de _____ .

4 El nombre completo de Pelé es _____ .

5 Club de fútbol es otro nombre para _____ de fútbol.

6 Pelé maravilló al público norteamericano con demostraciones de su _____ .

Los millones del fútbol

Sigue la perplejidad sobre los altos precios que cobran los grandes jugadores de fútbol extranjeros por incorporarse a las filas de los equipos nacionales. Sorpresa y escándalo del dinero gastado, de lo que a muchos españoles se les antoja dilapidación exagerada. Aunque forzoso será reconocer que las altas cifras de dinero cada vez estremecen menos a la conciencia ahorradora del español medio. Sin embargo, todavía queda un poco de sorpresa para lo que ganan los grandes futbolistas. Es inútil que se argumente que en el caso de los realmente buenos, como el holandés Cruyff, los caudales empleados se recuperan prestamente en taquillajes de excepción y en partidos extraordinarios, dentro y fuera de las fronteras.

Y tal es el caso de los futbolistas de España. Pongamos el caso de Holanda y España. Si no me equivoco, Holanda es el país que más futbolistas federados cuenta por habitante. Ello le permite, en primer lugar, seleccionar los mejores entre una copiosa juventud que practica este deporte, y luego ofrecerlos en la seguridad que siempre tendrán sustitutos. El caso de España es el inverso: cuenta con una mínima cantidad de practicantes de fútbol por número de espectadores, que es máximo. Entonces se halla en el problema de la demanda exagerada en calidad y en cantidad. En calidad, porque es más difícil que surja un jugador extraordinario entre pocos que entre muchos. Y en cantidad, porque no hay bastantes practicantes de una cierta altura para abastecer las necesidades del espectáculo deportivo.

¿Cómo hemos llegado a la paradoja de que un país con un mínimo de practicantes a un deporte posea un máximo de espectadores, apasionados y exigentes? El problema es arduo y de orígenes remotos. En España, la práctica real del deporte no ha sido alentada hasta hace muy poco, en que se intentó retornar a un cierto espíritu deportivo practicante pero sin demasiado éxito.

El resultado está a la vista: en los deportes básicos, desde la natación al atletismo, son mínimos los practicantes, y en las Olimpiadas se ha comprobado año tras año la estrecha modestia de nuestros resultados. En el fútbol bien poco somos solos, sin las grandes figuras de los países donde el deporte es practicado seriamente, y los grandes momentos de nuestro fútbol van unidos a la presencia de los jugadores extranjeros. Ahora bien, si no se crean deportistas, sí se han creado espectadores, y es necesario alimentar el espectáculo, y éste nos proporciona medios económicos para hacerlo.

Néstor Luján, "Los millones del fútbol", *Sábado Gráfico*, Madrid, N° 901, 7 de septiembre de 1974.

filas ranks

antojarse to seem

dilapidación waste

estremecer to shock

ahorrador frugal

caudales fortunes, large sums of money

taquillajes box office receipts

federados grouped or organized in teams

surgir to appear, come out

abastecer to supply

alentar to encourage

atletismo track and field

Sinónimos

_____ estremecer   a suficientes

_____ incorporarse   b copioso

_____ sorpresa   c asombro

_____ numeroso   d unirse

_____ prestamente   e chocar

_____ bastantes   f rápidamente

Cuestionario

1 ¿De qué se escandaliza el español medio?

2 ¿Qué se ve obligado a reconocer el articulista?

3 ¿Cómo se recupera el dinero invertido en un futbolista de los buenos?

4 ¿Por qué les es fácil a los holandeses exportar futbolistas?

5 ¿Por qué es menos probable que surja en España un futbolista de mucha categoría?

6 ¿Qué paradoja comenta el articulista?

7 ¿Qué se ha intentado últimamente?

8 ¿Cuál ha sido la actuación de los equipos nacionales en las Olimpiadas?

9 ¿De qué depende todavía el éxito del fútbol español?

Sección Léxico-Cultural

1 Las entradas se _____ en la taquilla del estadio o del teatro.

2 En España escasean suficientes futbolistas para _____ la mucha demanda de la afición.

3 Las competencias de natación se practican en una _____ .

4 Uno que practica seria y realmente un deporte es un buen _____ .

5 Un público _____ sólo se contenta con futbolistas de gran clase.

Mari Carmen Valero:
La mejor gacela española

Cuando Carmen Valero está tras el mostrador de la tienda de deportes de la persona que más le ha ayudado en la vida, es simplemente una dependienta, una muchacha de Sabadell de fácil sonrisa y brillante mirada. El atletismo tiene en ella, sin duda, el ejemplo más claro de lo que una obsesión puede hacer en una adolescente. Cuesta trabajo creer que en los pasados campeonatos europeos celebrados en Roma, una chavala de dieciocho años haya batido dos veces el récord de España.

Tiene personalidad Carmencita Valero, y no comprende cómo es posible que de un día para otro la gente se preocupe de ella. Hace apenas un mes Carmen Valero era una de tantas muchachas y su círculo social apenas si escapa de los atléticos. En Roma, ella misma dio a luz para sí una nueva faceta difícil de conseguir y mantener: la popularidad.

gacela *gazelle*
mostrador *counter*
dependienta *salesperson*
mirada *expression*
atletismo *track and field*
chavala *young girl*
batir *to break*

—¿Y qué dicen tus padres?

—Están muy orgullosos de mí, claro. Pero de verdad que no creo que sea para tanto. No me explico por qué me han convertido en figura.

figura celebrity

—¿Cuándo entrenas? ¿Te queda tiempo?

entrenar to train

—Bueno, la verdad es que mi "jefe" es muy comprensivo y acepta las alteraciones laborales que impone el atletismo en mi vida. Le quito tiempo a la diversión, al ocio y, alguna vez, también al trabajo. Quiero correr, al menos, hasta los treinta años. Estaré en Montreal y en otra Olimpiada. Me lo he propuesto y lo conseguiré.

ocio leisure

—¿No es mucho tiempo?

—No seré el primer caso— dice muy segura de sí misma —ni el último. Después, estoy decidida de ejercer como instructora. De hecho, ya lo hago. Tengo un grupo de chicas a mi cargo para empujarlas en esto del atletismo, y entre ellas está mi hermana Leonor, que tiene trece años, y creo que puede ser hasta mejor que yo.

a mi cargo under my direction
empujar to encourage

Su mascota es una "pantera rosa" que, sin embargo, no estuvo con ella en Roma. Quizá sus largas piernas y su apariencia ágil sea lo que la una a ella. La mima y acaricia constantemente cuando la tiene en sus manos.

pantera panther
mimar to pet
acariciar to caress

—¿Es mejor el ambiente de las pistas que el de una discoteca, por ejemplo, para ti?

pista running track

—Me gusta mucho la música, me encanta. Y el arte, y el baile, pero en el atletismo hay que superarse, hay que ir a más. Y eso acaba por sumergirte en él.

superarse to do better
sumergir to immerse

Adaptado de Alex J. Botines, "Mari Carmen Valero: La mejor gacela española", *La Actualidad Española*, Madrid, N° 1.186, 21 de septiembre de 1974.

Sinónimos

_____ muchacha   a practicar

_____ dependiente(a)   b figura

_____ batir   c de un día para otro

_____ de la noche   d empleado(a) de

a la mañana   una tienda

_____ personalidad   e superar

_____ entrenar   f chavala

Cuestionario

1 ¿Con qué se compara a Mari Carmen?

2 ¿A qué se dedica la chavala fuera de la pista?

3 ¿Qué juegos se celebraron en Roma?

4 ¿De qué se sorprende la joven atleta?

5 ¿De dónde saca el tiempo para entrenar?

6 ¿Durante cuántos años más piensa correr Mari Carmen?

7 ¿Qué significa la "pantera rosa" para ella?

8 ¿De qué vocación habla la chavala de Sabadell?

Sección Léxico-Cultural

1 La _____ es un animal ágil y veloz muy parecido al antílope.

2 La _____ se celebra cada cuatro años.

3 Tanto el atletismo como el fútbol son _____ .

4 Por _____ se entiende las gentes con quienes uno trata.

5 Le toca al entrenador _____ a los atletas a su cargo.

6 La dedicación completa al trabajo o a un deporte es una _____ .

El "Niño de la Capea": Niño prodigio del toreo

Dos y media de la madrugada. Pedro Moya, el "Niño de la Capea", entra en el "hall" del hotel taurino por excelencia de Sevilla. "Niño de la Capea" viene de Salamanca, en la región de Castilla. Entra con paso jovial y decidido. Hace nada era un niño que iba a la escuela..., a la escuela taurina de su tierra denominada "La Capea". De ahí el apodo.

Sorprende la enorme seguridad que tiene en sí mismo. Me le acaban de presentar. Habla con una firmeza asombrosa, cosa rara en un matador de diecinueve años escasos.

—Mi carrera la puedo resumir en tres "golpes": 1969, año en el que toreé mucho sin caballos; 1970 al 72, mi "fogueo" con picadores, y del 1972, en que tomé la alternativa en Bilbao, hasta hoy. Carrera que todo el mundo conoce y de la que, pese a los muchos éxitos, no estoy satisfecho del todo.

—¿Por qué esa insatisfacción, si a una edad inverosímil figuras a la cabeza del escalafón y ya eres millonario?

—Porque yo no quiero ser uno más. Quiero mandar en el toreo.

—¿Qué sientes a una horas solamente de hacer el paseo en la Maestranza por primera vez como matador de toros?

—Una tremenda responsabilidad.

—¿Tienes miedo ahora mismo?

—El que diga que no tiene miedo, miente. Siempre se le tiene miedo al toro, pero yo siento ahora una inquietud diferente a la del miedo.

—¿Qué clase de miedo?

—Me obsesiona el público. Quiero quedar bien. Estoy dispuesto a arrimarme, pero en el toreo se barajan un montón de incógnitas. ¿Embestirán los toros? ¿Me saldrán las cosas bien? Palabra que el miedo a la cogida es ahora lo menos importante, aunque en el subconsciente siempre exista.

—¿Qué clase de público prefieres?

—Siempre el entendido. Los entendidos te comprenden cuando estás bien, pero también saben ver las dificultades de los toros cuando es imposible estar lucido.

—¿Estás consciente de las prevenciones que siempre existieron en Sevilla con los toreros castellanos?

capea *amateur bullfight*
niño prodigio *child prodigy*
apodo *nickname*
"fogueo" *"baptism of fire"*
alternativa *formal induction of a matador*
pese *despite*
inverosímil *unbelievable*
escalafón *ranking; roster*
paseo (pasillo) *opening parade of the bullfight*
la Maestranza *plaza de toros of Seville*
arrimarse (a) *to get close to*
barajar *to mix; jumble*
incógnitas *unknowns*
embestir *to charge*
cogida *goring*
entendido *knowledgeable person*
lucido *brilliant*
prevenciones *reservations*

—Desde luego. Por eso estoy tan preocupado ahora cuando faltan unas horas para hacer el paseo en la Maestranza.

—Sin embargo, no te conformas con la responsabilidad de presentarte en Sevilla, sino que además pretendes que te vea toda España dejándote televisar el festejo.

—Tengo confianza en mí mismo y prefiero que la afición española vea mi debut en Sevilla con todas las consecuencias.

—¿Sabes lo que cobras por esta actuación?

—No me he preocupado de preguntarlo a mi apoderado. Esto de Sevilla no es cuestión de dinero. Me ilusiona el triunfo. No me importa lo más mínimo el dinero.

apoderado *manager*

Adaptado de Vicente Zabala, "El Niño de la Capea" (19 años): Niño prodigio del toreo", *ABC de las Américas*, Nueva York, N° 127, 1-15 de julio de 1975

Sinónimos

_____ llamado   a en absoluto

_____ arriesgarse   b alegre

_____ contentarse   c denominado

_____ jovial   d actuación

_____ corrida   e arrimarse

_____ lo más mínimo   f conformarse

Cuestionario

1 ¿De dónde procede el apodo del "Niño de la Capea"?

2 ¿Cuándo empezó su carrera taurina el "Niño de la Capea"?

3 ¿Qué ocurrió en Bilbao en el 72?

4 ¿Por qué le extraña al crítico la insatisfacción del joven matador?

5 ¿En dónde hace ahora su debut taurino?

6 ¿En dónde se encuentra la Maestranza?

7 ¿De qué incógnitas habla el matador?

8 ¿Por qué prefiere el "Niño" una afición entendida?

9 ¿Bajo qué condiciones especiales torea el "Niño" en la Maestranza?

10 ¿Qué es lo que pretende ignorar el matador?

11 Más que el dinero, ¿qué es lo que le ilusiona al "Niño"?

Sección Léxico-Cultural

1 Al "Niño" le quedará tiempo suficiente para descansar porque en España las corridas suelen celebrarse por la _____ .

2 La afición taurina de _____ tiene fama de ser muy exigente.

3 Todos los matadores le tienen miedo a la _____ .

4 El _____ es la primera fase de la corrida de toros.

5 Encontrarse a la cabeza del _____ significa ser el "número uno".

6 Siempre es preferible torear ante _____ porque éstos reconocen tanto lo imposible como lo posible.

7 El que se encarga de los contratos y demás trámites financieros del matador es el _____ .

Cuestiones Gramaticales

A Complete las siguientes frases según el modelo.

Modelo: —¿Qué clase de público prefieres?

—Siempre el _____ (knowledgeable).

—Siempre el *entendido*.

1 —¿Qué medidas hay que tomar?

—Todas las _____ (necessary).

2 —¿Qué toros prefieres?

—Siempre los menos _____ (dangerous).

3 —¿Qué programas de televisión te gustan más?

—Los más _____ (amusing, entertaining).

4 —¿Qué tipo de profesor prefieres?

—Siempre el más _____ (demanding).

5 —¿Qué clase de literatura lees?

—La más _____ (realistic).

6 —¿Qué tipo de películas te gustan más?

—Las más _____ (violent).

B Complete las siguientes frases según el modelo.

Modelo: No me explico _____ (why) me han convertido en figura.

No me explico *por qué* me han convertido en figura.

1 No se sabe _____ (when) se va a celebrar el acto.
2 Nos urge saber _____ (where) han escondido el dinero.
3 Me preguntaban _____ (why) me había dedicado a la enseñanza.
4 Hay que averiguar _____ (who) se ha llevado los ejercicios.
5 El camarero nos preguntó _____ (how) queríamos la carne.
6 El colegial quería saber _____ (what) significaba la palabra.
7 Nadie sabía _____ (how much) les había dejado don Antonio a los hijos.
8 Necesitaba saber _____ (which) era la edición más reciente.
9 Me vi forzado a decirles _____ (whose) era la carta.
10 Le decía _____ (where) iba y _____ (with whom).

¡Las Cosas Claras!

A Prepare una conversación entre un espectador futbolístico y el articulista de "Los millones del fútbol". Este lamenta el dinero gastado en futbolistas extranjeros y la escasez de jugadores nacionales. El aficionado apasionado rechaza el criterio del articulista. No le importa para nada el país de origen de los futbolistas de su equipo favorito; sólo le importan los goles marcados y los partidos ganados.

B Existen grandes diferencias entre la práctica del deporte en los países socialistas y los países occidentales. Los deportistas del Oeste suelen hacer grandes sacrificios de tipo personal para poder entrenar y para competir en juegos de atletismo nacionales e internacionales. También faltan campos de entrenamiento. Prepare una breve charla sobre algunas de las diferencias en el deporte a escala nacional entre los países occidentales y los del Este.

10 EL TURISMO

Semana, Madrid

¡Ojo al turismo!

Es indudable que España es un país en donde se vuelca el turismo internacional y que, en cuanto empieza el verano, nuestras playas, nuestros campos y nuestras ciudades se llenan de extranjeros en paños menores que vienen a ennegrecerse con nuestro sol y a engordar a base de nuestros caldos generosos. Pero nuestra hostelería y nuestro comercio tienen una idea equivocada del turista, y así, en su afán de facilitarles la vida, instalan en las puertas de sus establecimientos letreros generalmente en inglés, porque para ellos todo turista es un inglés, mientras no se demuestre lo contrario. "For rent", "For sale", "Boarding house", "Shoe shop", "Air line", etc. Y así resulta que los que nos sentimos extranjeros en esas zonas turísticas somos los españoles, que tenemos que llamar al camarero para preguntarle qué significa "Codfish with tomato", que es bacalao a la vizcaína, o "Chicken Giblet fricassee", que significa pollo en pepitoria.

Yo creo que este afán de facilitarles las cosas a los turistas es un error manifiesto, porque los extranjeros que acuden a España vienen a conocer nuestras costumbres, y así, lo lógico, y que ellos más agradecerían, sería que nuestras mujeres anduvieran por esas calles vestidas de manolas y nosotros, los hombres, paseáramos vestidos de toreros, y hasta podría soltarse de cuando en cuando algún toro por las calles de Torremolinos o de la Costa Brava y esto colmaría su entusiasmo. Y, hasta yendo más lejos todavía, podría resucitarse la Santa Inquisición y alguna que otra bruja gallega. Pero no. Los hoteleros y los comerciantes se empeñan en extranjerizar la vida, y llegará un momento en el que nuestra Costa del Sol, nuestra Costa Verde y nuestras otras costas serán igual que Cincinnati o Massachusetts, y, naturalmente, ¿para qué van a venir los habitantes de aquellas ciudades?

¿Qué efecto le causaría a usted, querido lector, si al llegar a Nueva York se encontrara con que las calles se llamaran "calle del Tribulete", "travesía del Rollo" o "plaza del Tembleque"? Pensaría usted que para ver esas calles no valía la pena atravesar el Atlántico y su nuevo viaje lo haría a la China, en donde los letreros se leen de arriba abajo y no los entienden ni los mismos chinos.

Sí. Yo pienso que debemos reflexionar y decidirnos a recuperar nuestras auténticas costumbres, pues no creo que ningún inglés venga a veranear a nuestras costas porque los empleados del hotel le digan por las mañanas: "Good morning, sire."

Tono, "¡Ojo al turismo!", *Semana*, Madrid, N° 1783, 20 de abril de 1974.

¡ojo! *take care! beware! careful!*
volcarse *to throw oneself into (an enterprise)*
paños menores *underwear*
ennegrecerse *to tan*
engordar *to gain weight*
caldo *broth; thick soup*
afán *eagerness*

bacalao *codfish*
vizcaíno *Basque, Biscayan*

manifiesto *plain, manifest*
acudir *to come*
manolas *popular madrileña type*
colmar *to overflow*
bruja *witch*
empeñarse *to be determined to*

travesía *cross street*

veranear *to spend the summer*

Sinónimos

_____ venir   a mesero
_____ indudable   b broncearse/tostarse
_____ en paños menores c innegable
_____ ennegrecerse   d erróneo
_____ equivocado   e acudir
_____ camarero   f en ropa interior (casi desnudo)

Cuestionario

1 ¿Cómo se le facilita la vida al turista angloparlante?
2 ¿Por qué hay que traducirles a los españoles los nombres de los platos?
3 Según el articulista, ¿quiénes se sienten extranjeros en la Costa del Sol?
4 Por lo general, ¿con qué motivo vienen los extranjeros a España?
5 ¿Por qué clase de folklore español se interesan los turistas?
6 ¿Qué peligro corren los hoteleros y los comerciantes?

Sección Léxico-Cultural

1 Por "paños menores" el humorista quiere decir _____ .
2 Un gallego habita la región de _____ .
3 La Santa _____ era una institución político-religiosa que descubría y castigaba a los no creyentes.
4 El _____ es la industria más importante de España.
5 La _____ se refiere a la industria hotelera.
6 *For rent* se expresa _____ en español.

Las postales

No hay nada más difícil, ni más fácil, que escribir una tarjeta postal de esas que acostumbramos a enviar desde nuestro lugar de veraneo a las amistades con las que pretendemos cumplir y que se han quedado en Madrid por alguna razón.

Yo propondría una fórmula que podría servir para cualquier veraneante, y que, incluso, le permitiría escribirla antes de su partida, y así, al llegar a su playa o a su montaña, no tendría más preocupación que la de poner la dirección y echarla al correo. He aquí la fórmula:

"Querido... (Pepe, o Paco, o Julio, o como se llame). Esto está animadísimo, y la temperatura es deliciosa. Desde la terraza de nuestro cuarto vemos... (aquí, el mar, o la montaña, o lo que se vea, siempre y cuando lo que se vea no sea la panadería o un solar lleno de latas viejas y de frascos de plástico, que, en su día, contuvieron aceite de coco, ni a un señor con bigote, sentado a la puerta de su casa). Por la mañana bajamos a la playa (o subimos a la montaña). Por la tarde dormimos la siesta, y por la noche salimos a cenar a cualquier restaurante, porque en todos se come muy bien (mentira). ¡Qué lástima que no estéis con nosotros! (otra mentira). A ver si el año que viene os animáis. Un abrazo para Purita y otro para ti, de Pilar y mío."

¿Para qué pensar más? ¿Y por qué desperdiciar un tiempo precioso, que podemos emplear en dormir más siesta, que es, en realidad, lo único práctico que hacemos en los veraneos? Porque, eso de que "esto está animadísimo", vamos a dejarlo. "Esto" lo que está es lleno de gente que lo ocupa todo, lo bebe todo y se lo come todo, que ya hay que tener hambre para eso. Y de los precios más vale no hablar. Uno piensa: "Aquí, como hay mar, el pescado estará baratísimo..." Pero sí, sí... Como si el mar estuviera en Valladolid. Porque resulta que todo el pescado que se come en nuestros puertos de mar lo traen de Madrid, que es en donde se cría la merluza del Cantábrico y los salmonetes del Mediterráneo.

veraneo summer vacation
veraneante summer vacationer
animado lively
solar empty lot
lata tin can
frasco bottle
desperdiciar to waste
criar to breed
merluza hake
Mar Cantábrico Bay of Biscay
salmonete red mullet

¿Y en la montaña? ¿Qué cree usted que va a ver en la montaña? Nada de una vaca viendo pasar el tren ni de unos borregos buscando algo que se les ha perdido, ni un cazador con su escopeta matando codornices... Nada de eso. Lo que verá usted son grandes cartelones de proyectadas urbanizaciones y el consejo de que adquiera usted una parcela en la que podrá vivir como en su casa, que es, precisamente, lo que usted no quiere.

Claro que no hay polución de momento, pero todo se andará.

Afortunadamente, no todo son cartelones de futuras viviendas, desde luego; hay también cartelones anunciando bancos, automóviles, aguas minerales, gaseosas, etcétera; pero esto no se lo va usted a contar a sus amigos en las tarjetas postales, ¿verdad?

borrego *simple villager*
codorniz *quail*
cartelones *billboards*
urbanización *building development*
parcela *lot, plot (of land)*

Tono, "Las postales", *Semana*, Madrid, N° 1803, 7 de septiembre de 1974.

Sinónimos

_____ amistades	a planeado
_____ salida	b refresco
_____ dirección	c señas
_____ habitación	d partida
_____ viviendas	e conocidos
_____ gaseosa	f cuarto
_____ lote	g polución
_____ proyectado	h solar
_____ contaminación	i casas

Cuestionario

1 ¿Qué ventaja le ofrece al veraneante la fórmula de Tono?

2 ¿Cuándo se pueden escribir las postales?

3 ¿Para qué se hace propaganda con los cartelones?

4 Según el humorista, ¿de dónde se trae el pescado que se consume en los grandes puertos de mar?

5 ¿Qué es lo único práctico que suele hacer el veraneante?

6 ¿Qué escenas campestres espera uno presenciar en la montaña?

Sección Léxico-Cultural

1 Valladolid es una ciudad industrial de la región de _____ .

2 Los gases que salen de los tubos de escape de los coches son factores contribuyentes a la _____ del aire.

3 Las cartas o las postales se echan en un buzón o se llevan a _____ .

4 La _____ con escopeta se practica mucho en España entre la clase acomodada.

5 _____ y _____ son sobrenombres para José y Francisco.

Chinches en el hotel

Señor director:

Por razones de trabajo mi esposo tuvo que ir a Madrid el día 19. Yo le acompañaba. Tuvimos que hacer noche, para lo cual nos dirigimos al Hotel Ojos, y como allí no tenían habitaciones con baño nos enviaron a su anexo. A las 11 de la noche nos acostamos, pero nuestra noche fue corta, pues despertamos por lo que creíamos eran picaduras de mosquitos. Mi esposo encendió la luz y pudimos ver cómo corrían por las sábanas unos bichitos (chinches). Mi esposo cogió unos cuantos en un papel y se los enseñó al conserje de noche, a la vez que pidió el libro de reclamaciones, donde dejó constancia de lo ocurrido. Eran las tres y media, y en vista de que nos sería imposible seguir durmiendo en esas condiciones, y por el estado de nuestras espaldas y brazos, decidimos marchar de allí. Así que a las cuatro de la mañana, después de haber pagado un hotel nada barato (adjunto factura), nos encontrábamos dentro del coche esperando que llegara el día.

Me gustaría saber si en estos casos tienen derecho a cobrar la habitación y si hay algún organismo que vele por el bienestar del viajero.

F. Alvarez
(Barcelona)

chinches bedbugs

picaduras bites

sábanas sheets (bed)
conserje concierge
libro de reclamaciones official complaint register
constancia proof
adjuntar to enclose
factura bill

velar to oversee

N. de la R.—Toda persona que nos ofrece un servicio, por cuya utilización nos cobra, debe procurar ofrecernos una prestación idónea. No creemos que el ofrecerle una habitación con "visitantes molestos", que denotaban una falta de higiene y habitabilidad de la habitación, sea lo que exige la normativa vigente.

Si su esposo hizo constar dicha anomalía en el libro de reclamaciones, confiamos que los órganos competentes del Ministerio de Información y Turismo adopten las medidas pertinentes.

Adaptado de Escriba a Ciudadano: "Chinches en el hotel", Ciudadano, Madrid, N.º 13, octubre de 1974.

N. de la R. *Editor's note* (**Nota de la Redacción**)
prestación *service*
idóneo *suitable*

normativa (norma) *standard*
vigente *in force*
constar *to record*
confiar *to trust*

Sinónimos

_____ ocurrir   a servicio

_____ esposo   b tratar

_____ procurar   c marido

_____ prestación   d anormalidad

_____ anomalía   e acontecer

Cuestionario

1 ¿Qué bichos producían las picaduras?

2 ¿Adónde se dirigió el esposo con los bichos recogidos?

3 ¿Qué postura adoptó el conserje ante la prueba repugnante?

4 ¿En dónde hicieron noche los Sres. Alvarez?

5 Según la Redacción de *Ciudadano*, ¿qué demostraba la presencia de los chinches?

6 ¿Qué entidad oficial controla tales establecimientos?

Sección Léxico-Cultural

1 Las quejas de los señores clientes se apuntan en el libro de _____ .

2 Una _____ es una condición indebida o anormal.

3 Una sanción o quizá el cierre del local por unas semanas son ejemplos de las _____ que adopta el Ministerio de Información y Turismo.

4 Las _____ forman parte de la ropa de cama.

5 Una habitación con baño sale más _____ que una sin baño.

6 Barcelona se encuentra en la región de _____ .

Cuestiones Gramaticales

A Conteste a las siguientes preguntas según el modelo.

Modelo: ¿De qué se llenan las playas de la Costa del Sol?

Se llenan de extranjeros en paños menores buscando el sol.

1 ¿De qué se llena la plaza de toros los domingos?
2 ¿De qué se llenan los museos los días festivos?
3 ¿De qué se llenan los cafés a la hora del aperitivo?
4 ¿De qué se llenan los restaurantes a las diez de la noche?
5 ¿De qué se llenan los comercios a las diez de la mañana?
6 ¿De qué se llena el estadio los domingos?
7 ¿De qué se llenan los cines los domingos por la tarde?

B Complete las siguientes frases según el modelo.

Modelo: ¿Por qué _____ (waste) un tiempo precioso?

¿Por qué desperdiciar un tiempo precioso?

1 ¿Por qué _____ (dress) a la niña si se ensucia en seguida?
2 ¿Por qué _____ (call) al portero si no sabe arreglar nada?
3 ¿Por qué _____ (pass by; stop at) por la taquilla si no quedan entradas?
4 ¿Por qué _____ (take out) el coche del garage si llegamos más pronto andando?
5 ¿Por qué _____ (ask for) la carta si ya se sabe lo que se quiere tomar?
6 ¿Por qué _____ (carry) encima la llave de la puerta de la calle si el sereno siempre me abre?
7 ¿Por qué _____ (send) tarjetas de Navidad si la gente apenas las lee?
8 ¿Por qué _____ (arrive) puntual o a la hora señalada si nunca empiezan los actos a la hora anunciada?
9 ¿Por qué _____ (do) hoy lo que uno puede dejar para otro día?

¡Las Cosas Claras!

A Escriba un diálogo entre el Sr. Alvarez y el conserje de noche del Hotel Ojos. No sólo le pide el cliente el libro de reclamaciones para constar la falta de higiene del local sino que le amenaza con enviar una carta a la redacción de *Ciudadano*, la revista del consumidor español.

B Termine la siguiente conversación entre un matrimonio español que está de veraneo en la Costa del Sol española y el recepcionista de un hotel de lujo.

    SR. ZAMORANO: Buenos días. Tienen una reserva a nombre de Zamorano, ¿verdad?

    RECEPCIONISTA: A ver… Sres. Zamorano… Ah, sí. Habitación para dos por ocho días con "double bed."

    SRA. ZAMORANO: ¿Qué quiere decir eso de "double bed"?

    RECEPCIONISTA: Perdone, señora. Quería decir con cama de matrimonio. Va incluído en la tarifa el "breakfast".

11 La educación

Uniformes

El uniforme escolar se adoptó tradicionalmente como atuendo indiscriminador y emparejador de clases, y unió siempre a su carácter práctico una clara ejemplaridad social. Pero en nuestros días, el uniforme escolar ha llegado a asumir, por desgracia, carácter suntuario. Difundida entre los colegios la costumbre de individualizarse mediante los uniformes, éstos han adquirido precios desorbitados que gravitan sobre las familias de los escolares. Es frecuente que muchos almacenes cobren ya dos o tres mil pesetas por el obligado uniforme, de niños de tres o cuatro años, cantidad que suele rebasar los honorarios de todo un curso en los colegios modestos. Si a ello se unen los extras, cada vez más numerosos, asociados al afán uniformador de los colegios— equipo y calzado deportivo, abrigos, etc. — fácil es colegir que los días iniciales del curso representan una verdadera pesadilla para los padres. Vuelva en buena hora el uniforme a ser lo que fue: una prenda práctica barata, igualadora de clases. Jamás un complicado atuendo, testimonio de la vanidad de colegios y educadores.

"Uniformes", *ABC*, Madrid, 20 de septiembre de 1974.

atuendo *apparel*
emparejado *equalizing*
ejemplaridad *outstanding quality*
suntuario *luxurious*
difundir *to spread*
mediante *by means of*
desorbitado *out of proportion*
gravitar *to be a burden*

rebasar *exceed*
afán *zeal*
colegir *to deduce*

¡Queremos profesoras jóvenes!

El incidente se repite con bastante frecuencia. Veamos cómo lo cuenta otra interesada: "Recién venida a hacerme cargo de una clase de niños y niñas a Madrid, las madres, al verme, empezaron a protestar diciendo: '¡Fuera, fuera, queremos profesoras jóvenes, no ancianas!'" Más adelante nos explica: "Tengo sesenta y tres años y no puedo dejarlo por no disponer de los treinta años de servicio en propiedad y sí veinte años de interinos por los pueblos de la serranía de Córdoba, donde quemé mi juventud". Finalmente, la pregunta angustiada (y fundada, por cierto): "¿No podían jubilar voluntariamente a los sesenta años?, pues es una pena ver que las madres jóvenes quieren profesoras recién salidas y con sus estudios modernos."

"¡Queremos profesoras jóvenes!", *Pueblo*, Madrid, 23 de septiembre de 1974.

disponer de to have

en propiedad to one's credit

interino temporary; provisional

quemar to burn up (fig.)

jubilar to retire

"MÁS VALE tarde que nunca" es la idea que todos debemos inculcar en los adultos que creen que ya no están en edad de aprender a leer y escribir.

Patria, Granada

ABC, Madrid

¡Papá!, no pienses que soy muy pequeño, pues en «MI COLE» me admiten, me lo ha dicho Oscar, y dice que se lo pasó bomba, cantaba, jugaba y tenía amiguitos, y hasta aprendía inglés. ¡Mamá, llévame a «MI COLE»!

«MI COLE»

JARDIN DE INFANCIA

Admisión de niños de 1 a 6 años
Servicio de autocares y comedor
Información en: Calle de Arga, 23, entrada por Doctor Arce - Tels. 259 62 13 y 225 29 79

cole colegio

pasárselo bomba to have a great time

La Vanguardia Española, Barcelona

GASTOS DE ESCOLARIDAD
--Entre mi marido y yo trabajamos treinta y ocho horas diarias para que nuestro hijo pueda tener una hora diaria de clase.
--¿Y en qué emplean las diez restantes?

Apoye a la Escuela Pública, Laica, Gratuita y Obligatoria

apoyar *to support*

laico *lay, secular*

El Día, Montevideo

Sinónimos

_____	igualador	a	sobrepasar
_____	suntuario	b	contar con
_____	rebasar	c	extender
_____	disponer de	d	lujoso
_____	difundir	e	gastos de matrícula
_____	mayores	f	profesores y maestros
_____	honorarios	g	emparejador
_____	educadores	h	adultos

Cuestionario

1 ¿En qué sentido representaba el uniforme escolar una ejemplaridad social?
2 ¿Qué costumbre se ha difundido entre los colegios?
3 ¿En dónde adquieren los uniformes los padres de los colegiales?
4 ¿A qué exceden los gastos de uniforme de ciertos colegios de niños acomodados?
5 Lejos de ser una prenda igualadora de clases, ¿en qué se ha convertido el uniforme en algunos casos?
6 ¿Qué manifestaban las madres de los niños?
7 ¿De qué no disponía la maestra?
8 ¿A qué se dedicaba la señora en la serranía de Córdoba?
9 ¿Qué clase de maestras pedían las madres jóvenes?
10 ¿Qué quería saber el señor Director del colegio?

Sección Léxico-Cultural

1 El _____ español dirige los centros estatales de E.G.B. y los institutos nacionales de enseñanza media.
2 Más que nada el uniforme _____ tenía un aspecto más bien práctico.
3 En casi todos los colegios privados el uso del uniforme es _____ .
4 Las madres quieren profesoras recién salidas de la _____ .
5 Se entiende que la señora era _____ nacional y que el Ministerio la había destinado a Madrid.
6 El anuncio que salió en la Prensa uruguaya subraya el carácter no _____ de la enseñanza pública nacional.
7 El anuncio que salió en *Patria* responde a una campaña de _____ .
8 Es muy probable que los niños que asistan a "Mi Cole" no vuelven a casa a _____ .

Los mercaderes de la educación

"Envíe este cupón e inicie el camino al éxito". "Gane dinero mientras estudia". "Sin ninguna complicación y sin esfuerzos, conviértase en poco tiempo en un verdadero profesional".

Una y otra vez, tales frases surgen en letreros colocados en los autobuses, se difunden por la radio, se publican en los periódicos y ofrecen un "futuro ideal" a todo aquél que acuda a realizar estudios en las llamadas escuelas comerciales.

Las academias e institutos de ese tipo, en su mayoría, ponen la educación al alcance del pueblo como una mercancía más, destinada sólo a quienes pueden cubrir las cuotas exigidas. Ofrecen preparar secretarias en cuarenta horas, publicistas, periodistas y otra gran variedad de profesionales en tan poco tiempo, que resulta sorprendente... o irrisorio.

Debido a la gran demanda de técnicos que tiene el país, se han creado instituciones de ese tipo para personas que por diversos motivos no pueden continuar sus estudios profesionales y, sobre todo, hacer el tránsito de la secundaria al bachillerato. Así, es muy frecuente que en familias de bajo nivel económico los padres hagan a sus hijos estudiar una carrera corta de las promovidas por tales escuelas, para que "siquiera tengan algo".

Están registradas 365 escuelas de este tipo en todo el país, con aproximadamente 56.000 alumnos. De éstas, 101, con 20.000 estudiantes, están en el Distrito Federal. La diferencia de colegiaturas es notoria de una escuela a otra. Las autoridades de la Secretaría de Educación Pública entablan charlas con el director de cada plantel, con el fin de que sus colegiaturas no sean elevadas y tengan en cuenta que realizan una labor social.

Pero también hay escuelas de tipo "pirata". Existen porque no es posible tener un sistema de vigilancia suficientemente amplio para controlarlos, por falta de personal y presupuesto. Al respecto viene a colación el caso de 113 jóvenes que pretendieron estudiar para azafatas en una academia. Algunas de ellas denunciaron que la directora cobró a cada alumna una cuota de 650 pesos por tales estudios y que dos días después desapareció la escuela. Asimismo, expresaron que hasta a los maestros les quedó a deber sueldos. Pero ése es sólo uno de los casos.

La señora María Gómez viuda de Gutiérrez, al hablar sobre la posible incorporación de su "Academia Comercial Gutiérrez" a la SEP, dijo que "no me conviene, porque la SEP pide que las alumnas realicen en tres años las carreras que aquí se imparten", mientras que ella las prepara en un año. "Luego, al final del curso, les organizo su misa y fiesta de graduación y se les entregan sus diplomas". Y todos contentos.

La señora Gómez no sólo es la dueña de la academia. También es la directora y maestra de todas las materias en todas las carreras. Imparte clases de taquigrafía, mecanografía, ortografía, correspondencia, archivo, aritmética y personalidad. Y todo lo hace en su casa, donde cuenta con quince máquinas antiguas, así como con mesas y bancas bastante deterioradas. Además, vende entre sus alumnas refrescos y dulces.

Adaptado de "Los mercaderes de la educación", *Revista de Revistas*. Publicación semanal de EXCELSIOR, México, D.F., N°. 160, 25 de junio de 1975.

---

mercader merchant

surgir to appear
difundir to broadcast

al alcance within reach of
mercancía merchandise
destinado intended
cuota fee
publicista publicity agent
sorprendente surprising
irrisorio ludicrous
promover to promote

colegiatura tuition
entablar initiate
plantel establishment

presupuesto budget
venir a colación to offer as proof
azafata stewardess

impartir to impart

taquigrafía shorthand
mecanografía typing
archivo filing
contar con to have; possess

Sinónimos

_____ plantel   a aparecer

_____ azafata   b aeromoza

_____ propietario   c explicar

_____ asignatura   d materia

_____ cuota   e abreviado

_____ impartir   f colegiatura

_____ surgir   g local

_____ corto   h dueño

Cuestionario

1 ¿En qué se ha convertido la educación tal como se imparte en muchas academias e institutos?

2 ¿Cuáles son los grandes atractivos de estas escuelas para familias de bajo nivel económico?

3 ¿Qué tanto por ciento de las escuelas incorporadas a la SEP se encuentran en la Ciudad de México?

4 ¿Con qué fin se entablan charlas con los directores de las escuelas comerciales?

5 ¿Qué se entiende por una escuela de tipo "pirata"?

6 ¿Qué es lo que posibilita la existencia de las escuelas "piratas"?

7 ¿Por qué no le conviene a la señora viuda de Gutiérrez que se incorpore su academia a la SEP?

8 ¿Qué le sirve de plantel a la señora directora?

Sección Léxico-Cultural

1 El Distrito Federal es una denominación para la capital de _____ .
2 Por ser centros de enseñanza, las escuelas comerciales también realizan una labor _____ .
3 Las frases que se oyen por la radio y que se leen en la prensa son inventadas por agencias de _____ .
4 A los fondos de que dispone una agencia o sección se les llama el _____ .
5 La denominación "secretaría" se emplea mucho en México; en España es más frecuente la denominación " _____ ".
6 La moneda nacional de México es el _____ .
7 Las antiguas máquinas instaladas en la "Academia Comercial Gutiérrez" son máquinas de _____ .

Normas sobre libros de texto

normas regulations

La utilización de libros y, en general, de todo material didáctico destinado a cualquier área o actividad de la educación preescolar, general básica, formación profesional y bachillerato, requerirá a partir de ahora, en cuanto a contenido y precio, la autorización del Ministerio de Educación y Ciencia. Este decreto señala también que los libros y material didáctico llevarán impresos tanto la fecha de aprobación pedagógica como el precio que legalmente les corresponde, que se hará público en el "Boletín Oficial del Estado" para conocimiento general.

Los centros estatales o no estatales podrán adoptar cualquier libro o material didáctico de los autorizados. Los libros o material didáctico adoptados no podrán ser sustituidos por otros durante un período mínimo de cuatro años, salvo en casos excepcionales por razones justificadas y que serán resueltos por el Ministerio de Educación y Ciencia.

Señala, asimismo, el decreto que cualquier persona interesada podrá denunciar el no cumplimiento de estas normas ante el Ministerio de Educación y Ciencia. Las infracciones de los citados cuatro años de permanencia de textos y material didáctico serán sancionadas con una multa de cien mil a doscientas cincuenta mil pesetas.

didáctico pertaining to teaching
formación profesional vocational training
señalar establish
impreso stamped
aprobación approval

salvo except
resolver to resolve
asimismo also, likewise
denunciar to report
cumplimiento observance, carrying out
sancionar to punish

Adaptado de "Normas sobre autorización de libros de texto y material didáctico", *La Vanguardia Española*, Barcelona, 14 de septiembre de 1974.

Sinónimos

_____ sancionar   a excepto

_____ educación   b plazo

_____ decreto   c enseñanza

_____ período   d multar

_____ salvo   e campo

_____ área   f ley

Cuestionario

1 ¿A qué nivel de enseñanza no se aplica el decreto?

2 ¿Qué es lo que prohibe terminantemente el decreto?

3 ¿Qué tiene que llevar impreso todo libro escolar?

4 ¿En dónde se va a publicar el nuevo decreto?

5 ¿De qué forma será sancionada el centro docente que no cumpla con las nuevas normas?

Sección Léxico-Cultural

1 Al jefe de un ministerio se le llama _____ .

2 El estudiante que cursa _____ se prepara para ser maestro.

3 El decreto asegura que los libros utilizados por los mayores sirvan también para los _____ de escasa diferencia de edad.

4 La Asociación de Padres de Alumnos es un ejemplo de un grupo _____ en el cumplimiento del decreto.

Los males de nuestra Universidad

Nuestra Universidad está mal. Tal vez agoniza. Su calidad es baja. Hay incluso lo que yo llamaría *apatía crónica* en profesores y alumnos. Esto es, reconozcámoslo sin eufemismos, el "cáncer" más destructivo de la Universidad.

El diagnóstico es, sin embargo, plenamente insuficiente. Hay que ser más analítico y escrutar todos los recodos que puedan afectar a la enfermedad de la Universidad.

Sin ánimo de exhaustividad, señalaré algunos de los males más importantes que, a mi juicio, sufre hoy la Universidad española.

agonizar to be dying

escrutar to scrutinize
recodos aspects
ánimo intention

1 Anacronismo

La Universidad fue creada en una época para cumplir unas funciones determinadas, exigidas y necesarias para aquel momento. Nuestra Universidad, sin llegar a ser del todo de hechura napoleónica, conserva una buena parte de las estructuras de entonces. La Universidad de hoy se encuentra con un problema de fines y objetivos. No se trata de reactualizar una Universidad legítimamente adecuada para una época, sino de crear aquellas instituciones universitarias que hoy sean necesarias. A tiempos nuevos, nueva Universidad.

hechura creation

reactualizar to update

2 Burocratización

La Universidad se ha convertido en un centro expendedor de títulos. El alumno va a la Universidad, en la mayoría de los casos, a la "captura de un título", para lo cual sabe que ha de pasar las trabas o barreras burocráticas que se le interponen. Estoy convencido que si los títulos universitarios no fuesen una exigencia social (para adquirir *status*, una profesión liberal o cosas por el estilo), la universidad actual se quedaría vacía.

expendedor granting
título degree
traba obstacle
barrera barrier
interponer to put or bring between

3 Politización

No me refiero con este término a la repetida politización de los estudiantes universitarios, sino a la politización global de la universidad. Basta repasar con cierto cuidado el catálogo *Catedráticos de Universidad* para percatarse de que un número considerable de personajes políticos pertenecen al cuerpo de catedráticos. Algunos de ellos no han llegado casi ni a desempeñar la cátedra (que aún conservan).

percatarse de to become aware of
desempeñar to occupy
cátedra chair (university); professorship

123

4 Escasez de medios

Intentar conseguir, en la mayor parte de centros universitarios, algún medio distinto a la *viva voz* del profesor es un empeño destinado al fracaso; pero, vamos, tener a mano algunas fotocopiadoras y multicopias, máquinas de escribir, algunos despachos en que poder dialogar con los alumnos…, no es mucho pedir.

Las bibliotecas es ya asunto más grave. Conozco algunas facultades donde no existen. Donde las hay, aparte de que no se mantiene un ritmo de adquisición acorde con lo que produce la industria editorial, la biblioteca no reúne las condiciones idóneas para el estudio.

Adaptado de Félix Ortega, "Los males de nuestra Universidad", *Sábado Gráfico*, Madrid, N.° 905, 5 de octubre de 1974.

escasez *lack*
viva voz *the spoken voice*
empeño *persistence*
despacho *office*
facultad *school or subdivision (of a university)*
acorde con *commensurate with*
reunir *to possess*
idóneo *suitable*

Sinónimos

_____ figura   a burocracia

_____ examinar   b parecer

_____ intención   c modernizar

_____ exigencia   d escrutar

_____ juicio   e ánimo

_____ reactualizar   f personaje

_____ papeleo   g desempeñar

_____ ejercer   h requisito

Cuestionario

1 ¿Qué nombre se le aplica a la enfermedad que sufre la Universidad española?
2 ¿Qué exigen los nuevos tiempos?
3 ¿Cómo son los fines y objetivos de la Universidad de hoy?
4 ¿Qué se le concede al universitario una vez superadas las barreras burocráticas?
5 En caso de no ser los títulos objetos de prestigio, ¿cómo se quedarían las aulas universitarias?
6 ¿De qué tipo de politización no se queja el articulista?
7 ¿De qué tipo de politización se queja el articulista?
8 ¿A base de qué medio se explican casi todas las asignaturas universitarias?
9 ¿De qué carecen algunas facultades universitarias?
10 ¿Qué falta en algunas de las bibliotecas de la Universidad?

Sección Léxico-Cultural

1 El que _____ está a punto de morir.
2 El *status* quiere decir _____ .
3 Las _____ publican los libros de texto o de consulta que se emplean en las universidades.
4 Se venden sellos y _____ en las expendedurías españolas.
5 La Universidad española es la única entrada a las profesiones _____ .
6 Tanto _____ como *pronóstico* son términos del lenguaje médico.

Los gastos escolares y el presupuesto familiar

Los gastos de escolaridad suponen más de la quinta parte de los ingresos para el 70 por ciento de las familias, según se deduce de los resultados de una encuesta realizada entre las familias de más de 6.600 alumnos de trece ciudades españolas por la revista *Tertulia*. Los alumnos cuyas familias han sido encuestadas pertenecen a los niveles de enseñanza preescolar, Educación General Básica y Bachillerato.

En dichos resultados se observa que para las familias cuya renta "per cápita" no alcanza las 9.000 pesetas — 70 por ciento del total — los gastos en educación representan del 20,6 al 36,3 por ciento de sus ingresos, lo cual supone que la partida de gastos de educación es superior a la quinta parte de los ingresos familiares.

En la encuesta se solicitaba de los padres que indicasen cuál era el porcentaje de sus ingresos que podían dedicar a gastos de educación. A esta pregunta contestan que la cantidad que estiman conveniente supone una media no superior al 13 por ciento de los ingresos.

La mencionada revista concluye afirmando que "a la vista de todo ello esperamos que, mientras la gratuidad no sea un hecho en los niveles que señala la Ley General de Educación, se arbitren soluciones que permitan, tanto en centros estatales como no estatales, atender a las familias según sus necesidades para ayudar a los padres a soportar la carga económica, grave, creciente y, en muchos casos, casi insoportable que supone la educación de los hijos".

Adaptado de "Los gatos escolares suponen más del 25% del presupuesto familiar", *Diario de Barcelona*, Barcelona, 11 de septiembre de 1974.

presupuesto *budget*
escolaridad *education*
suponer *to entail*
encuesta *poll, survey*
Educación General Básica *grammar school (grades 1–8)*
partida *financial outlay*

media *average*
gratuidad *freeness (of tuition)*
arbitrar *to decide*
estatales *pertaining to the (Spanish) State*
atender a *to assist*
soportar *to bear (economically)*

Sinónimos

_____ realizar   a conveniente

_____ renta   b considerar

_____ por ciento   c cantidad

_____ estimar   d por 100

_____ posible   e ingresos

_____ suma   f efectuar

Cuestionario

1 ¿Qué tanto por ciento de las familias percibe menos de 9.000 pesetas mensuales?

2 Para estas familias, ¿qué tanto por ciento de los ingresos familiares supone la escolaridad de los hijos?

3 ¿Qué cursaban los hijos de las familias encuestadas?

4 ¿Qué cantidad consideraban conveniente los padres para gastos de escolaridad?

5 Según el artículo, ¿qué es lo que no ha llegado a ser un hecho pese a la ley?

Sección Léxico-Cultural

1 Por enseñanza _____ se entiende el "kinder" o el jardín de la infancia.

2 La enseñanza no _____ está a cargo de los colegios privados.

3 El objetivo de la _____ es solicitar informes a las gentes entrevistadas.

4 Una _____ es una reunión de tipo social, político o literario.

5 El haber cursado el bachillerato da acceso a la _____ .

Cuestiones Gramaticales

A Cambie las siguientes frases según el modelo.

Modelo: El uniforme escolar fue adoptado como atuendo igualador de clases.

Se adoptó el uniforme escolar como atuendo igualador de clases.

1 El libro fue publicado el año pasado en Barcelona.
2 Los títulos fueron concedidos en un acto solemne.
3 La invitación fue aceptada a fines del mes pasado.
4 Las puertas fueron abiertas a la hora debida.
5 La biblioteca fue cerrada por orden de las autoridades.
6 El manuscrito fue escrito originalmente en portugués.
7 La galería fue inaugurada el primero del mes.
8 La novela fue traducida al castellano.
9 Las flores fueron vendidas a precios reducidos.
10 Los gritos de la mujer fueron oídos hasta en la plaza.

B Cambie las siguientes frases según el modelo.

Modelo: Los libros tendrán que llevar la fecha de aprobación y el precio correspondiente.

Los libros tendrán que llevar tanto la fecha de aprobación como el precio correspondiente.

1 Corren a cuenta del cliente los gastos de alojamiento y los de comida.
2 Se prohibe la entrada a mujeres y a menores de edad.
3 Son zonas de interés turístico El Escorial y el Valle de los Caídos.
4 Hablan inglés los funcionarios de Aduanas y los guardias urbanos.
5 Van incluídos en el precio los entremeses y el postre.

¡Las Cosas Claras!

A   Prepare una conversación entre la presidente de la Asociación de Padres de Alumnas de un colegio de niñas y el Sr. Director del mismo. Este ha contratado a una maestra ya anciana para dar clases de matemáticas. La presidente critica tanto la edad avanzada de la maestra como sus estudios y sus métodos anticuados. El Director afirma que la maestra está perfectamente capacitada para el cargo.

B   Escriba una conversación entre dos cabezas de familia numerosa que acaban de leer el artículo sobre las nuevas normas sobre libros de texto. Los dos mandan a sus hijos a colegios privados.

12 ¡HAY QUE GANARSE

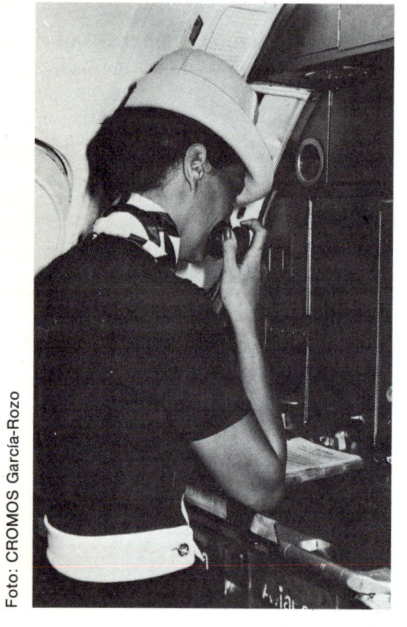

Las azafatas también tienen sus trucos

CROMOS acompañó durante un vuelo de once horas a una azafata en el trayecto de Bogotá a Buenos Aires. Quizás es un viaje largo y tedioso para algunos pasajeros pero cuando no hay una silla vacía, como en este caso, para la azafata es un día de tremendo trabajo.

Elizabeth Morel fue la azafata acompañada por CROMOS desde cuando abordó el avión de Avianca en el aeropuerto Eldorado de Bogotá hasta cuando entregó su liviano equipaje a un botones en el Hotel Sheraton de Buenos Aires. Y estuvimos con ella en los aeropuertos Mariscal Sucre (de Quito), Jorge Chávez (de Lima) y Pudahuel (Santiago de Chile) en las escalas técnicas de 45 minutos.

El oficio de azafata (o cabinera o auxiliar de vuelo o como ustedes quieran llamarlo) es, realmente, una profesión. Antes de desempeñarse en el cargo, la aspirante debe reunir ciertos requisitos como ser bachiller, dominar un mínimo de dos idiomas, tener una edad entre los 19 y los 26 años, una estatura mínima de 1.65 metros y un físico aceptable. Con esos requisitos, la aspirante deberá efectuar un cursillo antes de volar que comprende primeros auxilios, emergencias, servicio a bordo, *glamour*, relaciones humanas, etc.

truco trick
trayecto trip
liviano light
botones bellboy
escala stopover
desempeñarse to perform
cursillo short course
primeros auxilios first aid

¡LA VIDA!

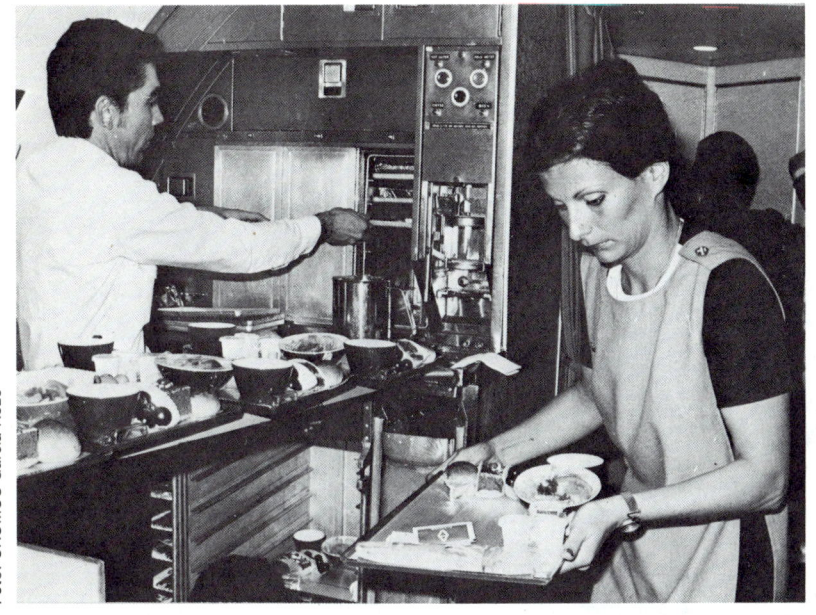

Foto: CROMOS García-Rozo

—¿Vuelos aburridos?

—Los vuelos siempre son distintos. En un vuelo reciente iba un pasajero grosero. Lo invité a pasar a la cabina a solucionar su problema con el piloto. Y el problema era simple: quería comprar una botella de vino pero pagándola en moneda que Avianca no está autorizada a recibir.

grosero *rude*

—Cuando una persona muere en pleno vuelo, ¿qué oficio desempeña la azafata?

—Cuando ya estamos cercioradas de que el pasajero ha muerto, tratamos de reclinarle la cabeza, ponerle una almohada, abrigarlo con una cobija, para que quede en posición como si estuviera durmiendo. Así no se alarman los pasajeros. Cuando llegamos al próximo aeropuerto entregamos el cadáver a las autoridades locales.

cerciorarse de *to ascertain*
almohada *pillow*
abrigar *to wrap up*
cobija *blanket*

En el trayecto de este viaje, la tripulación de cabina sirvió 480 comidas para 120 pasajeros en cuatro tandas. Y se destaparon y consumieron varias botellas de champaña y de whisky.

tripulación *crew*
tanda *shift*
destapar *to uncork*

—¿Cómo tratan a un pasajero ebrio?

—Muy fácil: cuando pide más y más licor, en cada pasada le ponemos un poco de sal al whisky o a la champaña y se queda dormido. Son truquitos que uno tiene y que hay que ponerlos en práctica de vez en cuando.

De Bogotá, el avión de Avianca partió a las 9:45 de la mañana. En el aeropuerto de Ezeiza, en Buenos Aires, aterrizó a las 10:20 de la noche. Elizabeth Morel llega al hotel casi a la medianoche. Y a manera de consuelo nos dice: "¡Pero ésta es una profesión muy apetecida!"

ebrio drunk

pasada round (of drinks)

aterrizar to land
consuelo consolation
apetecido desirable, coveted

Adaptado de Augusto Calderón, "Las azafatas también tienen sus trucos", *CROMOS*, Bogotá, 9-15 de julio de 1975.

Sinónimos

_____ liviano   a seguro

_____ primeras curas   b grosero

_____ cobija   c tedioso

_____ borracho   d ebrio

_____ quizás   e manta

_____ aburrido   f primeros auxilios

_____ descortés   g ligero

_____ cerciorado   h acaso

Cuestionario

1 ¿Cuántas escalas hizo el avión antes de llegar a Buenos Aires?

2 ¿Qué requisitos lingüísticos se le exige a la aspirante al oficio de azafata?

3 ¿Qué asignaturas cursan las futuras azafatas?

4 ¿Cómo se solucionó lo del pasajero grosero?

5 En caso de morir un pasajero durante un vuelo, ¿cuál debe ser la actuación de la azafata?

6 ¿Qué se le echa a la copa de un pasajero ebrio para que no se arme una bronca?

Sección Léxico-Cultural

1 Avianca es la línea aérea nacional de _____ .

2 El título de bachiller se concede al terminar la enseñanza _____ .

3 *Aeromoza* es otro nombre para _____ .

4 _____ y Argentina tienen fama de ser importantes países vinícolas.

Una llamada a los inventores

Uno de los mayores problemas con el que el juguete se enfrenta está, precisamente, en esa necesidad constante de innovaciones. Es por ello que, desde hace varios años, la Feria Internacional del Juguete de Valencia hace un llamamiento a todos los inventores españoles para que acudan con sus trabajos. Convoca premios y posibilita patentes de fabricación a aquellos modelos cuya producción en serie sea factible. Para hablar sobre la problemática en general del juguete en España, nos hemos puesto en contacto con el director de la Feria en Valencia.

acudir *to come forth*
producción en serie *mass production*
factible *feasible*
problemática *issue*

—Parece que los españoles tenemos cierta facilidad de creación artesana; ¿se presentan muchos trabajos en cada edición?

artesano *handcrafted*

—Aproximadamente unos setenta y cinco. Normalmente, más que verdaderas innovaciones, son adaptaciones de otros juguetes. Esto no es negativo en absoluto, porque permite evolucionar.

en absoluto *in the least*

—¿De qué forma ha evolucionado el juguete en los últimos años? ¿Siguen los niños jugando a la guerra?

—El juguete bélico se ha mantenido siempre y el niño siente atracción hacia él, no por maldad, sino porque le gusta sentirse héroe. Lo mismo le ocurre a la niña con las muñecas: le gustan siempre, porque se siente madre.

bélico *warlike*

—¿Cuáles son los países receptores de nuestros juguetes?

—El Mercado Común absorbe el setenta por ciento de nuestras exportaciones y de estos países, el de mayor volumen, Francia.

—Pero también realizamos importaciones, ¿no?

—Sí. Principalmente de novedades que aquí no se fabrican, pero la industria española está perfectamente capacitada para exportar a todo el mundo, incluso a los países más jugueteros, como son Estados Unidos y Japón.

capacitado *equipped*

—¿Son estos dos países nuestros principales competidores?

—Sí, aunque muchas fábricas japonesas son realmente americanas.

—¿Estamos llegando al techo de nuestra producción, hemos llegado o lo hemos pasado?

—Puede decirse que lo hemos pasado. Con los juguetes ya nos ocurre lo que con las naranjas o el calzado: o exportamos o morimos.

calzado *footwear*

—No parecen muy halagüeñas las perspectivas...

halagüeño *encouraging*

—Las perspectivas son favorables, siempre que no se nos cierren las puertas. Hasta los mismos japoneses compran juguetes en España. Ellos mismos afirman que estamos a punto de convertirnos en el Japón de Europa, afirmación que nos produce mucho daño. Se mueven muy inquietos los jugueteros europeos al oír esta afirmación.

Adaptado de E. García-Meras, "Una llamada a los inventores", *Arriba*, Madrid, 25 de septiembre de 1974.

Sinónimos

_____ mantener   a ocurrir

_____ desarrollar   b declarar

_____ afirmar   c sostener

_____ novedad   d innovación

_____ suceder   e evolucionar

Cuestionario

1 ¿En dónde se celebra la Feria?

2 ¿A qué juguetes se les posibilitan patentes de fabricación?

3 Según el director, ¿por qué juega el niño a la guerra?

4 ¿Por qué siguen atrayendo las muñecas a las niñas?

5 ¿Qué países importan el juguete español?

6 ¿Qué países fabrican mayor número de juguetes?

7 ¿Por qué le urge a la industria juguetera encontrar nuevos mercados?

8 ¿En qué se está convirtiendo España?

9 ¿Por qué resulta perjudicial esta afirmación?

Sección Léxico-Cultural

1 A un producto que acaba de salir se le llama una _____ .

2 La sociedad española, igual que la americana, se está convirtiendo en una sociedad de _____ .

3 Valencia queda en la costa _____ de España.

4 Los países del Mercado Común se encuentran todos en _____ .

5 Algo que produce daño es _____ .

6 _____ tiene fama mundial por sus naranjas.

Taxista:
Profesión maldita

La media de trabajo de un taxista de una ciudad como Madrid se sitúa en las doce horas diarias. Pero a los riesgos que implica por sí solo el cansancio de un número de horas tan elevado hay que añadir el riesgo prolongado de estar expuesto tanto tiempo a los normales peligros del tráfico.

Estudios experimentales realizados comprueban que durante la segunda fase de la fatiga, la respuesta a un estímulo (prohibición vista de improviso, objeto que se cruza, etc.) está mucho más disminuida. Además, se ha comprobado que en una jornada de trabajo de doce horas, durante las tres últimas, el número de accidentes es mucho más elevado que en las anteriores, llegando a aumentar hasta en un 50 por ciento.

Esto implica, además, que el horario de comidas sea anormal, así como el lugar donde efectúan estas comidas, ya que a menudo lo hacen a base de bocadillos, de pie o sentados en el taxi. Asimismo dificulta el ocio, para el que no existe prácticamente tiempo. El reposo en casa es igualmente insuficiente para reparar la fatiga diaria, con lo que ésta se va acumulando progresivamente.

maldito accursed
media de trabajo mean (average) work day

de improviso unexpectedly
jornada day's work

bocadillo sandwich (on a roll)
ocio leisure
reposo rest
reparar to overcome

Tanto las relaciones familiares como las de cualquier otra índole tienen pocas posibilidades de desarrollarse, y cuando ello ocurre, lo es en condiciones inadecuadas. Y no digamos nada ya de las posibilidades de obtener una cultura más o menos aceptable o ampliar la que ya se tenga, aprender un nuevo oficio o asistir a clases. Todos estos factores son motivo de frecuentes frustraciones, tan nocivas para la higiene mental y la salud física.

El automóvil, por su parte, es una estructura cerrada, en cuyo interior, en determinados momentos del día y sobre todo en ciertas épocas del año, se alcanza una concentración de gases nocivos generados por el mismo coche que puede ser altamente tóxica. A ello hay que añadir los gases normales en el medio ambiente de las calles de la ciudad. Aparte de estos gases, el automóvil produce una trepidación que se suele agravar en aquellos coches que han pasado la edad prudencial.

¿Quién da más? El número de horas de trabajo racional es una aspiración del mundo laboral, ineludible para cualquier sistema político o económico. No cabe duda de que una masa laboral que después de observado su historial clínico no se sabe cómo no está muerta, es más rentable y menos peligrosa un poco más sana y más despejada.

Adaptado de "Taxista: Profesión maldita", *Ciudadano*, Madrid, N°. 12, septiembre de 1974.

índole *type*

cultura *education, cultural background*

nocivo *harmful, noxious*

medio ambiente *environment*
trepidación *vibration*
prudencial *sensible, judicious*
ineludible *inevitable*
rentable *income-producing*
despejado *alert*

Sinónimos

_____ vibración   a sano
_____ nocivo   b descanso
_____ trabajo   c cansancio
_____ despejado   d calcularse
_____ fatiga   e perjudicial/dañoso
_____ reposo   f despierto
_____ situarse   g oficio
_____ saludable   h trepidación

Cuestionario

¿Qué suele ocurrirle al taxista durante la segunda fase de la fatiga?

2 ¿A cuánto se eleva el número de accidentes a fines de la jornada?

3 ¿Cómo repercute la jornada anormal en el horario de comidas?

4 ¿De qué manera es afectada la vida familiar del taxista?

5 ¿Qué se acumulan en el interior del vehículo?

6 ¿A qué aspira todo trabajador o empleado?

7 ¿Qué ventajas ofrece el taxista sano y despejado?

Sección Léxico-Cultural

1 Al _____ también se le llama la circulación.

2 En España la _____ se suele tomar a partir de las dos de la tarde.

3 En Estados Unidos la _____ de trabajo raras veces pasa de las ocho horas.

4 No cabe duda de que los taxis son un factor nocivo en la contaminación del _____ .

5 Los días y las horas no laborables constituyen los ratos de _____ .

6 Un taxista fatigado tarda bastante en responder a un _____ o a un semáforo.

7 Es _____ subir a un taxi que ha pasado la edad prudencial.

8 Un recorrido en taxi siempre resulta más _____ que tomar el Metro o un autobús.

Se organizan los empleados de hogar

LAS EMPLEADAS DE HOGAR PIDEN CONTRATO DE TRABAJO

Que se les incluya dentro del artículo segundo de la ley de contrato de trabajo piden en un escrito, hecho público ayer, dos mil trescientas empleadas de hogar en representación de sus compañeras de profesión de toda España.

El citado escrito, con las correspondientes firmas, ha sido entregado en el Ministerio de Trabajo, dirigido al titular del Departamento.

La inclusión en la citada ley de Contratos de Trabajo supondría la jornada de ocho horas, salario garantizado, fiestas y domingos libres, derechos a la indemnización por despido, vacaciones pagadas, pagas extraordinarias, Seguridad Social.

Actualmente ninguno de los derechos apuntados se ejercen en el caso de las empleadas de hogar, por estar excluidas de la citada ley y ser consideradas como miembros integrantes de la familia.

ABC, Madrid

titular head

indemnización compensation

despido dismissal

CABEZAS DE FAMILIA: Es obligatorio afiliar a la Mutualidad Nacional de Empleados de Hogar al personal doméstico que les preste en su casa sus servicios, y comunicar, también, las altas y bajas a la Delegación Provincial del Instituto Nacional de Previsión.

ABC, Madrid

afiliar to join

mutualidad union; mutual benefit society

altas hiring

bajas dismissal

previsión welfare; social security

EMPLEADOS DE HOGAR: La Afiliación a la Mutualidad Nacional de Empleados de Hogar es obligatoria y de ella nacen tus derechos. Las altas y las bajas deberán ser comunicadas a la Delegación Provincial del Instituto Nacional de Previsión, donde se facilita la debida información.

ABC, Madrid

facilitar to furnish

debido appropriate

EMPLEADO DE HOGAR: La Mutualidad Nacional de Empleados de Hogar le concede una asignación económica por constancia, de 1.000 pesetas, si lleva cinco años de permanencia y cotización ininterrumpida con un mismo cabeza de familia; si éste es titular de Familia Numerosa, el referido período se reduce en un 25 por ciento o un 50 por ciento.

Jaén, Jaén

EMPLEADO DE HOGAR: La Mutualidad Nacional de Empleados de Hogar le concede por el nacimiento de cada hijo la asignación de 3.000 pesetas, si ha cubierto un período mínimo de veinticuatro meses cotizados en los cinco años anteriores.

Hoja del Lunes, Granada

asignación allowance

cotizar to pay dues

por constancia for faithful service

Sinónimos

_____ señalados	a	prestar servicios
_____ unirse a	b	jefe
_____ escrito	c	asignación
_____ titular	d	afiliarse a
_____ trabajar	e	documento
_____ estipendio	f	apuntados

Cuestionario

1 ¿Sin qué clase de protección de tipo legal trabajan actualmente las empleadas de hogar?

2 ¿Cuáles son los derechos que reclaman las empleadas de hogar?

3 ¿Por qué les son denegados a las empleadas de hogar los derechos pedidos en su escrito?

4 ¿Qué obligación tienen los cabezas de familia españoles?

5 ¿Qué beneficio supone para el empleado casado estar afiliado a la Mutualidad?

6 ¿Bajo qué condiciones se reduce el período mínimo para cobrar la asignación por constancia?

Sección Léxico-Cultural

1 *Servicio* es otra palabra para _____ .

2 Una empleada de hogar que abandona la casa se da de _____ .

3 España está dividida en _____ .

4 Otra palabra para *empleada de hogar* es _____ .

Cuestiones Gramaticales

A Cambie las siguientes frases según el modelo. Emplee uno de los verbos siguientes: *dificultar, facilitar, posibilitar* e *imposibilitar*.

Modelo: El horario del taxista *hace difícil* la vida familiar.

El horario del taxista dificulta la vida familiar.

1 Dedicarse al oficio de azafata *hace fácil* el ver mundo.
2 El pasajero borracho *hace difícil* el trabajo de la azafata.
3 Exponerse a los peligros normales del tráfico madrileño *hace difícil* la higiene mental del taxista.
4 La Feria Internacional del Juguete *hace posible* las patentes a los inventores.
5 Poseer un coche *hace fácil* las excursiones de fin de semana al campo.
6 La larga jornada laboral del taxista *hace imposible* el ocio, para el que no existe tiempo.

B Cambie las siguientes frases según el modelo.

Modelo: ¿Juegan los niños a la guerra?

¿Siguen/Continúan jugando los niños a la guerra?

1 Los jóvenes españoles fuman tanto como antes.
2 Su hijo mayor cursa estudios en la Universidad Central.
3 Las niñas juegan con las muñecas.
4 Las perspectivas son favorables.
5 La circulación es un problema muy serio.
6 El coste de la vida preocupa mucho al gobierno español.
7 La Prensa critica la actuación del nuevo gobierno.
8 Los aviones de Avianca aterrizan en el aeropuerto Mariscal Sucre.
9 El pronóstico del bombero herido es muy grave.
10 Los americanos consumen grandes cantidades de vino.

¡Las Cosas Claras!

A Termine la siguiente conversación entre Pepe Granados, un taxista madrileño, y su mujer, Alicia.

    ALICIA: ¡Hijo! ¡No puedes seguir así! ¡Doce horas seguidas en ese maldito coche no es vida!

    PEPE: Ya lo sé, mi vida. Pero ha subido todo últimamente y hay que cubrir los gastos necesarios.

    ALICIA: Nunca estás en casa a la hora de comer. Los críos apenas te conocen.

B Ser azafata supone exponerse a los peligros del oficio. Prepare una charla en la que señale Ud. los peligros que corre la azafata en un vuelo internacional.

13 La comida

autóctono *native*

No sólo de pan vive el hombre

En la villa de Bayona (Pontevedra) se ha producido un suceso que, afortunadamente, no ha revestido caracteres graves: más de doscientas personas se han manifestado en el paseo de Elduayen para exteriorizar su descontento por haber ordenado la autoridad competente el cierre de una churrería.

Los manifestantes, entre los que se encontraban algunos extranjeros al grito de "¡queremos churros!", abarrotaron los alrededores de la churrería hasta la llegada de la fuerza pública que invitó a los manifestantes a dispersarse. Generalmente, cuando las multitudes se manifiestan para demostrar su descontento, lo clásico es gritar: "¡Queremos pan! ¡Queremos pan!", pero nunca gritan "¡Queremos ensaimadas mallorquinas!" o "¡Queremos pastillas de café con leche legítimas de Logroño!", pero este grito de "¡Queremos churros!" abre un camino insospechado en el campo de las reivindicaciones...

Ignoro el motivo del cierre de la aludida churrería, pero, sea el que fuere, no encuentro justo el privar a los vecinos bayoneses de esta típica fruta de sartén y, dado su comportamiento al dispersarse sin el menor incidente, bien merecían un premio, que podía haber consistido en un buen atado de churros por cabeza, extranjeros incluidos.

Ahora bien; ¿qué va a ser de los desafortunados bayoneses sin churros que llevarse a la boca? El churro es un producto típicamente español que no debemos abolir de nuestras costumbres, y si las autoridades pontevedresas están decididas a suprimirlo, deberían, por lo menos, hacerle un monumento para perpetuar su recuerdo. El churro, por su forma, se presta a realizar un monumento ultramoderno, y si ya hay monumentos que son churros, ¿por qué no ha de haber churros que sean monumentos? Y así la imagen del desgraciado churro seguiría presente en la memoria de los bayoneses y el día que las motivaciones de su prohibición hayan desaparecido, las fuerzas vivas de la localidad podrían abrir una nueva y moderna churrería, y Bayona volvería a churrear tranquilamente.

Por otra parte, no están nuestros mercados de alimentación tan sobrados de productos económicos al alcance de las clases modestas, y el churro era un elemento barato que podía sustituir con ventaja a esos "croissants", "plum cakes" y otros productos extranjeros que, seguramente, se seguirán vendiendo en la villa bayonesa.

Y es que, como dice el refrán, "nadie es profeta en su tierra".

¿Qué daño les habrán hecho los inocentes churros a las autoridades de Bayona? Aunque a lo mejor sí que les han hecho daño, porque los churros tienen esas cosas...

Yo, particularmente, y sin que nadie me dé churro en este entierro, me uno a esos pacientes protestantes en pro del churro bayonés y grito con todas las fuerzas de mis dos pulmones: "¡Queremos churros!".

Adaptado de Tono, "No sólo de pan vive el hombre", *Semana*, Madrid, N.° 1805, 21 de septiembre de 1974.

Sinónimos

_____ villa   a manifestantes

_____ suceso   b acontecimiento

_____ exteriorizarse c inmortalizar

_____ policía   d manifestarse

_____ perpetuar   e fuerza pública

_____ protestantes   f pueblo

Cuestionario

1 ¿Cuál fue el motivo de la manifestación en Bayona?

2 ¿Quiénes pusieron fin a la manifestación?

3 ¿Qué gritaban los manifestantes?

4 ¿Por qué se ordenó el cierre del establecimiento?

5 ¿Cómo se portaron los manifestantes ante la presencia de la fuerza pública?

6 ¿Qué propone el articulista para que el churro no quede en el olvido?

7 ¿Qué importancia tiene el churro para las clases modestas?

8 ¿Qué acaba por gritar el humorista?

Sección Léxico-Cultural

1 Por fuerza pública se entiende la _____ municipal.

2 Para preparar la fruta de sartén, hay que _____ la.

3 Los ricos no se _____ de nada.

4 Al humorista nadie le había dado _____ en ese entierro.

5 Por lo general se trata de una _____ lo que se da /o no se da.

6 Los churros se fabrican en una _____.

7 Por el refrán "nadie es profeta en su tierra", se entiende que los "croissants" y "plum cakes" se estiman más por ser de origen _____.

8 Estar en pro de algo quiere decir estar en _____ de ello.

El vino y las nuevas generaciones

Lo leí un día en la Prensa: una nota de agencia decía que en determinada región española (el nombre no viene al caso, puesto que ocurre igual por todas partes) se bebe más cerveza que vino. Y añadía que esto se hace en una proporción casi increíble: varias cajas de botellas de cerveza frente a unos pocos "chatos" de vino. Y otra cosa, también paradójica, es que algunos de los más asiduos consumidores de cerveza son cosecheros de vino: cosecheros con muchas vides bien cultivadas; cosecheros con grandes bodegas repletas de tinajas con ricos caldos.

Esto parece increíble. Pero es así. A nuestros pueblos españoles llegaron las modas, como a las ciudades. Los medios de difusión son ahora rápidos y eficaces. Y a todos nos arrastran las olas de la moda. Por todo esto, si vamos a un pueblo que está celebrando sus fiestas mayores, veremos, con cierto asombro, que pese a los muchos viñedos que existen en su término municipal, y que pese a sus bodegas, grandes y chicas, a la hora de beber en los bares de la plaza o calles principales, las gentes piden cerveza, botellas y más botellas de cerveza. También combinaciones hechas con bebidas alcohólicas — ginebra o ron — y carbónicas.

Lo he visto con mis propios ojos. Y entonces, no he podido evitar una pregunta y luego una serie ininterrumpida de recuerdos: ¿Qué se hace con el vino? ¿Cómo es posible que lo dejemos a un lado? ¿Y cómo es posible, tam-

chato *wine served in water glass*
asiduo *assiduous; frequent*
cosechero *grower; cultivator*
vid *grapevine*
bodega *wine cellar*
repleto *replete*
tinaja *large earthen jar (often of heroic proportions)*
caldo *juice of the grape*
moda *custom; fashion*
difusión *broadcasting; spreading*
arrastrar *to attract*
viñedos *vineyards*
término *boundary, limit*
combinación *mixed drink*
ginebra *gin*
carbónicas *mixers (ginger ale, tonic)*

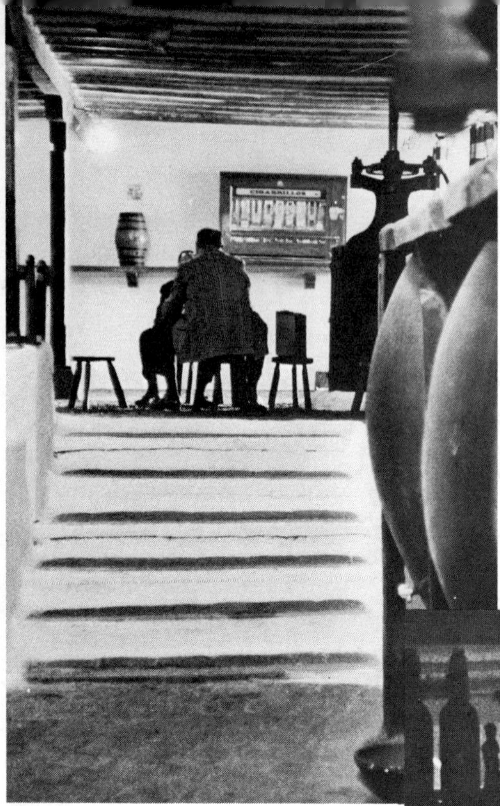

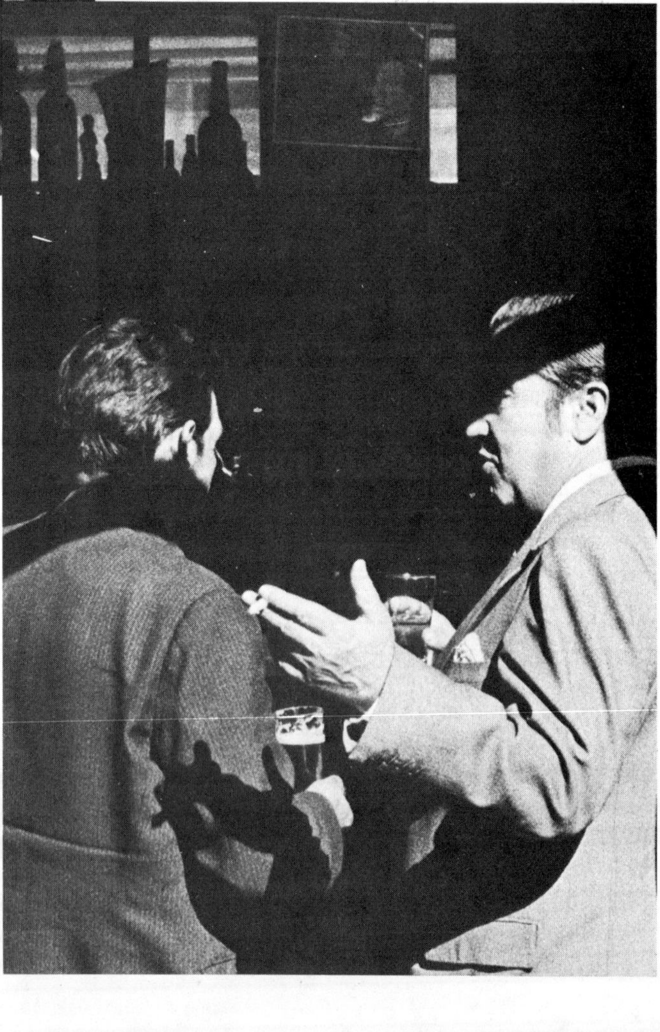

bién, que hayan cambiado tanto las costumbres en éste y en aquel pueblo de nuestra España? ¿No servían en estos bares y tabernas un vinillo blanco, a veces mezclado con un poco de gaseosa, al que no se le podía igualar ninguna otra bebida a la hora de tomar un aperitivo o de ponernos a la mesa?

gaseosa *sparkling water, club soda*

El vino, para los cosecheros de otros tiempos, antes que un producto para el comercio, era algo "muy de ellos"; algo criado y elaborado con su esfuerzo personal. Había también como una inclinación devota, reverente, casi de culto, al líquido extraído de la vid.

criar *to raise*

Y ahora... ¿Desprecian las nuevas generaciones estos caldos nuestros, estos vinos sencillos, comunes, sacados de nuestras uvas españolas? Un poco — o un mucho — sí. Somos de otra forma ahora. Nos parece que hemos pasado por siglos, y no por unos cuantos años, dejando muy atrás a nuestros padres y abuelos. Nos parecen burdas, toscas, las fiestas en las que el vino reinaba como bebida principal...

burdo *coarse*
tosco *unrefined*
reinar *to reign*

Y, sin embargo, elaboramos vinos, y queremos venderlos; necesitamos que salgan de nuestras modernas y mecanizadas bodegas. ¿Y a quiénes mandamos esos vinos? A lo mejor — y esto no deja de ser también paradójico — para los rubios fabricantes de cerveza y whisky. Tendría gracia, ¿no? Pues si esto ocurre podríamos decir que los españoles hemos perdido uno de los mejores gustos: el de consumir una bebida nuestra — española y mediterránea — sana y económica, a la que poco a poco — en muchos sitios por culpa de absurdos esnobismos — vamos dejando a un lado, precisamente cuando cualquier rubio extranjero al llegar a España no solamente dice: "¡Oh, sol!", sino también: "¡Oh, vino!"

Adaptado de Rodrigo Rubio, "El vino y las nuevas generaciones", *Crónicas de nuestro tiempo,* Editorial Cunillera, S.L.: Madrid, 1972.

Sinónimos

_____ lleno	a cierto
_____ difusión	b tosco
_____ burdo	c figurar en primer lugar
_____ determinado	d comunicación
_____ reinar	e repleto
_____ ocurrir	f suceder
_____ seltz	g gaseosa

Cuestionario

1 ¿Qué decía la nota que comenta aquí el articulista?
2 ¿Quiénes parecen ser los que más cerveza consumen?
3 ¿Cómo llegan las modas a los pequeños pueblos?
4 ¿Qué bebidas se consumen más, incluso en los pueblos en fiesta?
5 ¿Qué es lo que se ha preguntado el ensayista?
6 ¿Qué bebida incomparable se servía en los bares y las tabernas?
7 ¿Qué representaba el cultivo de la vid para los cosecheros de antes?
8 ¿Cómo califica el articulista las fiestas de pueblo en que se consume mucho vino?
9 ¿Qué hay que hacer con los vinos españoles?
10 ¿Qué paradoja le hace gracia al articulista?
11 ¿Según el autor, ¿cuáles son los mayores atractivos de España para el extranjero?

Sección Léxico-Cultural

1 Un producto económico se vende a precio _____.
2 La zona vinícola española por excelencia es la _____.
3 El que quiere tomar cerveza en un bar español suele pedir una _____.
4 Ser arrastrado por las olas de la _____ significa ser conformista en el vestir y en el hablar.
5 En algunas partes de América la palabra _____ se emplea para referirse a la tienda de comestibles.
6 El vino se elabora _____, blanco o rosado.
7 La exportación del vino repercute mucho en la balanza de _____.

Gastronomía y volante:
¡No a los platos típicos!

Se dice que los españoles no sabemos comer y que confundimos comer bien por comer mucho. Admitidas ambas premisas, podemos estudiar este problema de la mala alimentación nacional cara al automovilista, teniendo en cuenta los problemas que una dieta incorrecta plantea al conductor.

Cuando se ha de viajar durante un buen número de horas, suele incurrirse en un primer error: no desayunar o hacerlo simplemente con un café, acompañado a lo más de un bollo.

Está científicamente demostrado que una persona que pasa tantas horas sin tomar nada calificable de alimento nutritivo puede registrar reducciones en su capacidad física y psíquica. Se producen repercusiones sobre su eficiencia, tanto en su trabajo diario como — en el caso concreto que nos ocupa — en su capacidad para conducir.

Una vez cometido este primer error (que los ingleses han solventado a base de sus desayunos completísimos y nutritivos), después de haber estado desde la cena sin ingerir ningún alimento, el conductor español suele cometer su segundo fallo. Al llegar la hora de la comida, o bien se deja llevar por tradiciones gastronómicas del lugar donde se ha detenido, o bien acomete un

volante steering wheel

premisa premise

plantear to raise, pose
incurrirse to bring upon oneself
bollo breakfast roll

solventar to solve

fallo error, fault
acometer to undertake; to attempt

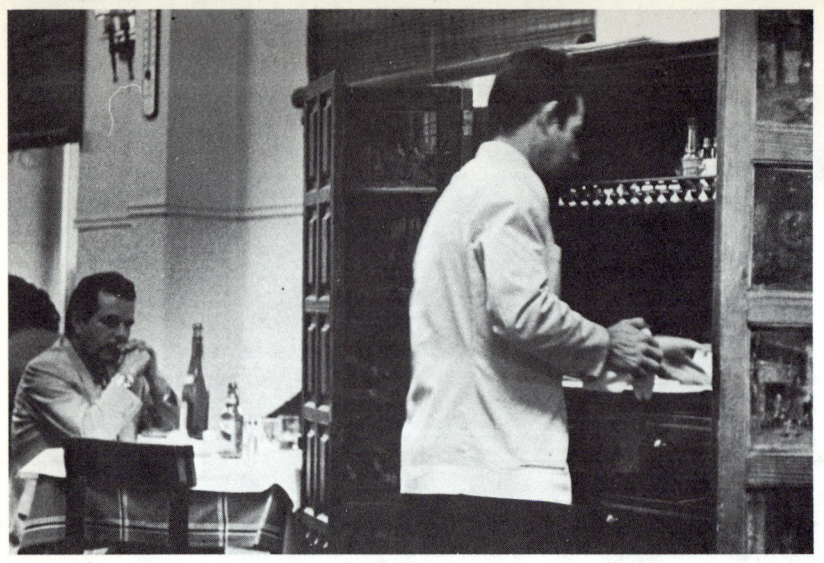

desaforado menú a base de un primer plato de legumbres bien repletitas de grasa, para seguir con un filete orlado en patatas, continuar con el postre, que muchas veces suele estar compuesto de un dulce o helado, y rematar con un café e incluso con una espirituosa copa de licor.

desaforado *huge, excessive*
orlado en *surrounded by*
rematar *to finish*

Prácticamente, ninguno de los alimentos mencionados tendría que haberse colocado sobre la mesa, ya que después, a la hora de ponerse en la carretera, se producirá una digestión pesada, y la consiguiente somnolencia, agravada por la cafeína o el alcohol.

agravar *to aggravate*

Los expertos en nutrición recomiendan para el automovilista que sale de viaje una dieta que comience por un desayuno "a la inglesa", que nutre sin ser pesado; al mediodía, carne a la plancha o pescado, con verduras, fruta como postre y agua mineral como acompañamiento.

a la plancha *prepared on the grill*
efusión *excess*

Las efusiones gastronómicas pueden, si se desea, dejarse para después de llegar al punto de destino, cuando ya no hay que coger el coche en unas cuantas horas; esto, naturalmente, deja a salvo del riesgo del sueño al volante, puesto que no se ha de conducir.

a salvo de *safe from*

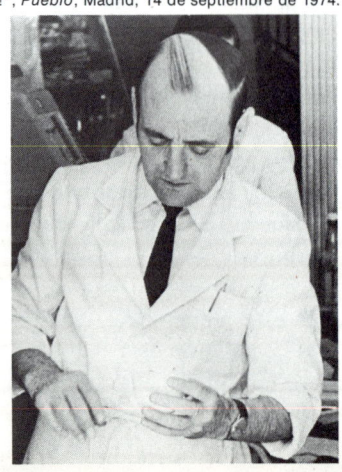

Adaptado de "Gastronomía y volante: ¡No a los platos típicos!", *Pueblo*, Madrid, 14 de septiembre de 1974.

Sinónimos

_____ resolver   a manejar

_____ eficiencia   b error

_____ conducir   c frente a

_____ fallo   d solventar

_____ cara a   e eficacia

Cuestionario

1 ¿Qué es lo que se dice que el español confunde a la hora de comer?

2 ¿Cuál es el primer error que comete el automovilista español?

3 ¿Qué daño produce el no desayunar bien o fuerte?

4 ¿De cuántos platos consiste el menú del que habla el articulista?

5 ¿Con qué remata la comida el automovilista?

6 ¿Por qué no debiera haberse tomado ninguno de los platos del menú?

7 ¿Por qué no hizo bien en haber pedido su cafecito y una copita de coñac?

8 ¿Qué dieta le recomiendan al automovilista los entendidos?

9 ¿Hasta cuándo debe esperar el conductor para comer fuerte?

Sección Léxico-Cultural

1 El desayuno inglés es mucho más _____ que el español.

2 Por una tradición gastronómica se entiende un plato _____ .

3 La _____ valenciana es quizá la más famosa de las comidas típicas españolas.

4 No _____ o hacerlo a base de un café es una mala costumbre.

5 Los americanos suelen tomar las _____ con la carne.

6 La _____ es la ciencia de la alimentación.

7 El español medio raras veces toma _____ corriente, o sea del grifo, con la comida.

8 El señor que apenas desayuna no ha probado bocado desde la _____ del día anterior.

Cuestiones Gramaticales

A Complete las siguientes frases según el modelo.

Modelo: Después de _____ (having been) desde la hora de la cena sin ingerir ningún alimento, el conductor español comete su segundo fallo.

Después de haber estado desde la hora de la cena sin ingerir ningún alimento, el conductor español comete su segundo fallo.

1 Después de _____ (having waited) más de tres meses por su coche, notó que el volante estaba estropeado.

2 Después de _____ (having devoted) el alumno toda la mañana a repasar sus apuntes, el profesor no vino a clase esa tarde.

3 Después de _____ (having planned) cuidadosamente sus vacaciones veraniegas, se enfermó el hijo mayor y no pudieron salir el día señalado.

4 Después de _____ (having gotten up) muy temprano para bañarse, se encontró con que habían cortado el agua en el barrio.

5 Después de _____ (having made) las reservas del hotel con mucha antelación, se encontró con que el recepcionista no tenía ninguna reserva a su nombre.

B Complete las siguientes frases según el modelo.

Modelo: Hemos perdido uno de nuestros mejores gustos: _____ de consumir una bebida nuestra.

Hemos perdido uno de nuestros mejores gustos: el de consumir una bebida nuestra.

1 Se está perdiendo una de nuestras mejores costumbres: _____ de dormir la siesta.

2 Está desapareciendo uno de nuestros gustos casi folklóricos: _____ de tomar chocolate con churros.

3 Está decayendo uno de nuestros ritos dominicales: _____ de ir a los toros.

4 Se está perdiendo una costumbre del madrileño de antes: _____ de visitar los pueblos cercanos cuando están de fiesta.

5 Casi ha desaparecido una costumbre muy de españoles: _____ de llevar encima tarjetas de visita.

¡Las Cosas Claras!

A Termine la siguiente conversación entre los Sres. Torrente. El señor Torrente y su hijo Jorge viajan en automóvil desde Madrid a Burgos. El padre tiene que hablar con un cliente en Burgos y el hijo le acompaña para hacerle compañía y para llegar a conocer la ciudad.

SR. TORRENTE: Sube, Jorge. Se nos hace tarde y quiero llegar a Segovia antes de las dos.

JORGE: ¿Pero es que hay que ir por Segovia?

SR. TORRENTE: No. La verdad es que quiero comer en un restaurante segoviano que tiene mucha fama por sus platos típicos.

JORGE: ¡Pero no has desayunado!

SR. TORRENTE: ¿Y eso qué tiene que ver?

B Prepare un anuncio radiofónico costeado por la Asociación de Cosecheros de Vinos de la Rioja y dirigido al consumidor español para animarle a consumir productos vinícolas del país. Mencione que el vino es un producto tradicional del campo español y que el dejar de tomar vino responde a un absurdo esnobismo. Señale Ud. que es deber de todo español consumir lo español. Termine el anuncio con el lema (slogan) publicitario: A la hora del aperitivo o de la comida, pida vino español.

14 WATERGATE en la prensa española

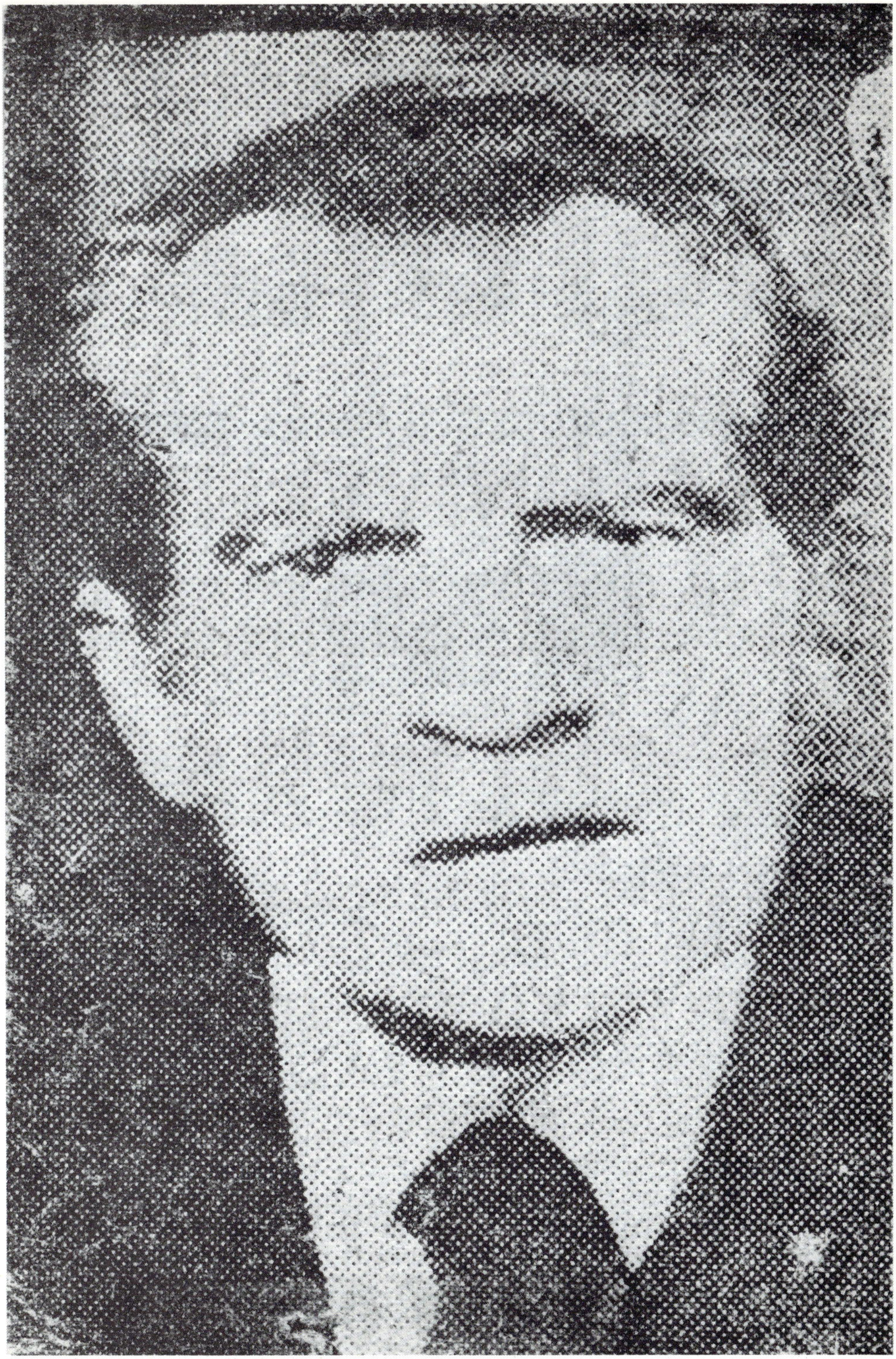

UN DIA TU HIJO TE PREGUNTARA POR QUE HAY PAISES DONDE SE DESTITUYE A UN PRESIDENTE.

Lea cuant antes
El Escándalo
WATERGATE

el libro que lo explica todo, minuto a minuto, escrito por los mismos dos periodistas que provocaron la caída de Nixon.

CARL BERNSTEIN
y BOB WOODWARD.

Un Libro
EUROS

Pelayo, 28, 3.°C Tel. 317 90 34
Barcelona 1

Ya, Madrid.

Watergate:
Poder y servidumbre de la prensa

El escándalo de Watergate es tal vez el más grave trauma moral de Estados Unidos porque lo ha sufrido en el corazón mismo de sus instituciones. Dos periodistas levantaron el asunto que ahora y por mucho tiempo dejará una huella profunda en la vida política norteamericana. Son Bernstein y Woodward que durante dos largos años llevaron el peso de la información del caso y que luego la llevaron al conocimiento público en forma de libro.

Estamos ante uno de los documentos más impresionantes sobre la presencia — fuerza y debilidad — de la prensa en Estados Unidos y por tanto una de las versiones más avanzadas de nuestro mundo contemporáneo. Impresiona en primer lugar la prensa como poder. Un poder capaz de derribar al presidente de la más poderosa nación del mundo y la presión con que este poder es capaz de actuar en la sociedad.

destituir *to remove from a post*

servidumbre *servitude*

huella *mark*

derribar *to overthrow, humiliate*
presión *pressure*

La realidad del poder de la prensa norteamericana nos lleva a otro aspecto primordial de "El escándalo Watergate". El de la responsabilidad moral de la prensa. Hay en el libro un momento en que el peso abrumador de esta responsabilidad ética del periodista se pone de manifiesto en las reflexiones de Bernstein: "Bernstein casi no pudo dormir aquella noche, pensando en las implicaciones que podía tener lo que había escrito y lo que iba a escribir. ¿Y si se estaba portando mal con el presidente de los Estados Unidos? ¿Y si no estaba jugando limpio con él y no sólo perjudicaba al presidente como hombre sino a la institución que representaba y por extensión a todo el país"?

Obra de reporteros, "El escándalo Watergate" es una cala en profundidad en la sociedad norteamericana, en su entraña viva. Podríamos decir que el libro es un verdadero retrato moral de este país grande en sus virtudes y en sus defectos, apasionadamente contradictorio que arrastra un doble bagaje de fuerza ética e implacable sentido autocrítico junto al más descarnado abuso del poder y de la ley del más fuerte.

Adaptado de Carlos Nadal, "Watergate: Poder y servidumbre de la prensa", *La Vanguardia Española*, 12 de septiembre de 1974.

primordial *fundamental*

abrumador *overwhelming*
ético *ethical*
poner(se) de manifiesto *to reveal*

portarse *to behave*

jugar limpio *to act or play fair*

perjudicar *to do harm to*

cala *probe*

entraña viva *raw flesh*

arrastrar *to expose*
bagaje *theme*
descarnado *unadorned, bare*

Gerald Ford indulta a Nixon

El tema de Watergate vuelve a acosar hoy al presidente de Estados Unidos, Gerald Ford, situado en el centro de una oleada de controversia provocada por su inesperada decisión de perdonar al expresidente Nixon de todo delito que pudiera haber cometido en el transcurso de sus cinco años y siete meses en la Casa Blanca. El anuncio del perdón, esperado y temido a la vez por muchos, tuvo lugar ayer domingo y la firma del mismo se efectuó ante las cámaras de televisión.

"Creo que el presidente Nixon ha sufrido bastante", dijo Ford, expresando también su deseo de acabar con "esta tragedia nacional en la que todos hemos desempeñado un papel".

El propio Nixon formuló desde San Clemente, en California, una declaración diciendo que cometió fallos pero sin admitir culpabilidad en ningún tipo de delito. "Me equivoqué al no actuar con mayor decisión al tratar de Watergate", agregó.

Como comprenderán, aquelos que esperaban que Nixon respondiera a la ley, si los muchos procesos relacionados con Watergate le acusaran de algo específico, se han llevado una gran decepción después de la alegría que tuvieron al ver cómo Nixon tuvo que dejar la Presidencia hace un mes, un acto inusitado en la historia de este país, a menos de dos años de la mayor victoria electoral por la presidencia.

Pero no todos los que expresan su decepción lo hacen porque quieren ver a Nixon más acosado de lo que ha estado, sino que temen ahora por el concepto de que la ley se aplica a todos por igual. Pero la determinación entre la justicia y la equidad no es fácil.

Adaptado de "Gerald Ford indulta a Nixon de todo delito que pudiera haber cometido durante su permanencia en la Casa Blanca", *La Vanguardia Española*, 10 de septiembre de 1974.

indultar to pardon

acosar to harass; to pursue

oleada wave

delito crime

transcurso course

desempeñar to play

fallo error

equivocarse to make a mistake

inusitado uncommon

equidad fairness

Pericu, *La Vanguardia Española*, Barcelona, 10 de octubre de 1974

máxima maxim

—Son los que quieren escribir libros sobre los watergates del país.

Muntañola. *La Vanguardia Española*, Barcelona, 10 de octubre de 1974.

Sinónimos

_____ indulto   a dañar

_____ en el transcurso de   b periodista

_____ efectuarse   c añadir

_____ error   d verificarse

_____ reportero   e a lo largo de

_____ perjudicar   f perdón

_____ agregar   g fallo

Cuestionario

1 ¿Qué dicho publicitario emplea la editorial que publica "El escándalo Watergate"?

2 ¿Qué llevan bajo el brazo los señores que hacen cola frente a la editorial Euros?

3 Según el caricaturista, ¿cuál puede haber sido el motivo del indulto de Nixon?

4 ¿Qué institución política norteamericana sufrió el trauma del caso Watergate?

5 ¿Quiénes son Bernstein y Woodward?

6 ¿De qué se impresiona el articulista con relación al caso Watergate?

7 ¿Qué abusos políticos atacan los dos periodistas?

8 ¿Qué provocó una nueva oleada de cinismo político en Estados Unidos?

9 ¿Qué afirmó el presidente Ford al anunciar el perdón de Nixon?

10 ¿Qué es lo que no ha admitido Nixon hasta la fecha?

11 ¿Cómo han quedado muchos de los enemigos políticos de Nixon?

Sección Léxico-Cultural

1 El ex presidente Nixon dejó la presidencia en agosto de _____ .

2 El pueblo americano eligió a Nixon por segunda vez y con la más alta mayoría de votos en el año _____ .

3 La libertad de la Prensa trae consigo una gran _____ ético-moral.

4 Un _____ es una denominación que se le aplica a una herida de tipo físico o psicológico.

5 Al tema del Watergate el presidente Ford lo califica como _____ nacional.

6 La investigación periodística del caso Watergate salió primero en las páginas del _____ .

Cuestiones Gramaticales

A Traduzca al inglés las siguientes frases que emplean una forma del verbo *dejar (dejar de, dejarse)*.

Modelo: Se llevaron una gran decepción después de la alegría que tuvieron al ver cómo Nixon tuvo que dejar la Presidencia, un acto inusitado en la historia de este país.

They were particularly disappointed considering their pleasure at the prospect of Nixon's surrendering the presidency for the first time in the history of the country.

1 Mi profesor me aconsejó no dejar la clase de francés.

2 La joven dejó caer su libro de apuntes y José se lo cogió.

3 La niña dejó de decirle a su mamá lo de la falda rota.

4 La dejamos salir con Martín.

5 No te dejes convencer tan fácilmente.

6 ¡Déjate de niñerías y ponte a trabajar!

7 Por fin ha dejado de llover.

8 Deja de estudiar ya y llévame al cine.

9 ¡Déjame o te parto la cara!

10 La dejé en la estación.

11 El proyecto de González deja mucho que desear.

12 Anoche dejó de existir el señor Ministro de Obras Públicas.

B Cambie las siguientes expresiones según el modelo.

Modelo: la prensa de Estados Unidos

la prensa estadounidense

1 las instituciones de la Argentina
2 las ciudades del Brasil
3 los indios de Guatemala
4 los turistas del Perú
5 la prensa del Ecuador
6 el gobierno de Nicaragua
7 los nitratos de Chile
8 las importaciones del Japón
9 el petróleo de Venezuela
10 los vecinos del Canadá
11 las escuelas de Costa Rica

¡Las Cosas Claras!

A Los señores que fueron sorprendidos en la casa Watergate afirman que habían entrado en la oficina central del Partido Demócrata por motivos de seguridad nacional. Prepare una defensa de los acusados basada en dicho motivo.

B El escándalo de Watergate ha repercutido mucho en la vida política norteamericana, se sentirán las repercusiones de este trauma durante muchos años. Quizá el efecto más notable haya sido la desconfianza del pueblo norteamericano hacia sus figuras políticas. Prepare una charla en que se planteen las manifestaciones de esta desconfianza.

15 Cosas del idioma

El blablablá

Los pueblos latinos dícense más locuaces que los sajones, por ejemplo, pero ocurre que la locuacidad latina ha venido degenerando con el tiempo, y de la cháchara ilustre de Sócrates al aire libre de Grecia hemos venido a parar en el vulgar blablablá, en el hablar por hablar, que es cosa muy de españoles.

El mutismo nos parece descortés, el silencio nos resulta embarazoso y ofensivo; nos educamos los españoles en el convencimiento de que hay que hablar mucho y siempre, si hay confianza, porque para eso hay confianza, y si no la hay, porque no habiendo confianza es preciso hablar de algo y parece grosería quedarse callado. En definitiva, que no cerramos el pico. Generalmente, tenemos los españoles más palabras que ideas, más verborrea que teoría, y así, nos la pasamos dándole al verbo en cafés, trenes, consultorios, aceras, terrazas, balnearios y salas de espera. El caso es hablar. Hablar del tiempo, hablar de criadas, hablar de coches, hablar de enfermedades y hablar de comidas son las grandes habilidades del español que no calla.

La mayoría silenciosa es, en realidad, una mayoría que no calla. Las señoras, en sus saraos, hablan de criadas. Ahora como hay menos criadas y más lavadoras, hablan de la lavadora y, en su inercia mental, le atribuyen al electrodoméstico virtudes y defectos de la antigua criada, la humanizan curiosamente: "Pues mi 'Agni' va bien y me hace la colada en un santiamén, lo que pasa es que los pañuelos no me los deja como los calzoncillos. Claro que los pañuelos son más delicados, ya se sabe, otra cosa, sobre todo si son de seda, porque en casa toda la vida los hemos usado de seda, y a mi Pepe no le

locuaz *loquacious*
cháchara *chatter*
mutismo *silence*

pico *beak; mouth (fig.)*
verborrea *wordiness*
acera *sidewalk*
balneario *spa; swimming pool*

saraos *soirées*
electrodoméstico *household (electrical) appliance*
Agni *brand of washing machine*
colada *wash*
en un santiamén *in a jiffy*

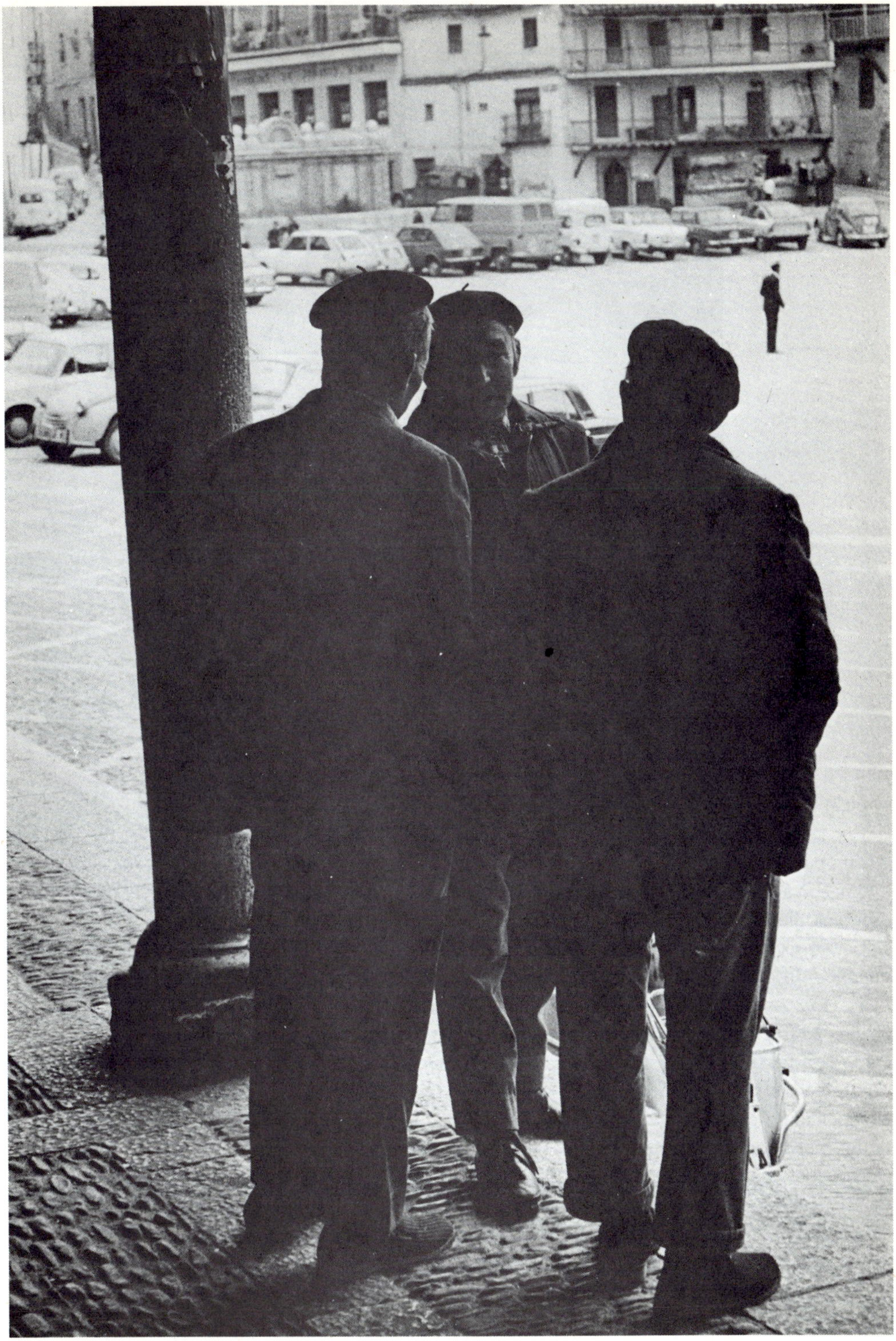

des un pañuelo de lienzo moreno, porque te lo deja encima de la cómoda. Y la "Agni", ya digo, te deja bien los pañuelos, pero no es lo mismo". Nunca sabemos bien si la "Agni" es una chica de Soria o una lavadora automática. Las señoras habían cosificado a las criadas y hablaban de ellas como si fuesen muebles: "La voy a poner unas faldas de cuadritos, que quedará un poco más fina." (Y parecía que se referían a la mesa camilla, pero se referían a la chacha.) Si la chacha era como su mueble, el mueble electrodoméstico es ya como una persona para estas señoras de clase media.

Las visitas de la casa, las últimas visitas, las que todavía no se han muerto envenenadas de mal café y malos tópicos, vienen a vernos los domingos por la tarde, a esa hora fija e interminable, cuando el domingo es más tediosamente eterno, más tristemente igual a sí mismo, y nos hablan de enfermedades, cuentan el proceso completo de la artrosis de la abuelita, nos hacen el historial detallado de su ciática en estudio comparativo con la ciática de una cuñada lejana, que es también una ciática muy curiosa, y así hasta la hora de cenar.

Finalmente, hablar de comidas es un pecado de mal gusto que cometemos casi todos los españoles:

lienzo linen
cómoda chest of drawers
cosificar to make "cosas" of something
de (a) cuadritos checkered, plaid
mesa camilla couch
chacha maid (muchacha)
envenenado poisoned
tópico commonplace expression or subject
cuñada sister-in-law

—¿Sabes dónde se come el mejor cordero estofado de España?
Y van y nos lo cuentan. O nos explican un menú completo que hicieron una vez en una fonda de Venta de Baños, con entrada, merluza, filete, jamoncitos de pollo, pera y café, todo por ciento setenta y cinco pesetas, si es que no te lo crees, oye tenemos que volver por Venta de Baños, todavía hay sitios donde se come bien y barato, lo que pasa es que hay que saber comer.

Los españoles hablamos de criadas porque somos unos burguesazos o unos nuevos ricos y la criada nos preocupa muchísimo y vivimos nosotros mucho más pendientes de ella que ella de nosotros. Los españoles hablamos de coches porque hemos tardado siglos en tener uno. Los españoles hablamos de enfermedades y de comidas porque tenemos la doble obsesión del hambre y de la muerte. Los españoles padecemos una verborrea impenitente que no hay quien la pare. El español, cuando se queda callado, no fabrica una idea, una reflexión, una imagen o un proyecto. Sólo fabrica un bostezo o da una cabezada.

cordero estofado *lamb stew*

fonda *inn*
merluza *hake*

burguesazo *bourgeois*

pendiente *dependent*

bostezo *yawn*
cabezada *drowsy nod*

Adaptado de Francisco Umbral, "El blablablá", *Museo nacional de mal gusto*, Barcelona, Plaza y Janés, S. A., 1974.

Sinónimos

_____ criada   a hablador

_____ sitios   b empleada de hogar

_____ padecer   c lugares

_____ locuaz   d sufrir

Cuestionario

1 ¿Qué dice el humorista que es cosa muy de españoles?

2 ¿Qué le parecen al español el mutismo y el silencio?

3 ¿Cuáles son las grandes habilidades del español que no calla?

4 Según el artículo, ¿de qué suelen hablar las señoras de la clase media?

5 ¿Qué es la "Agni"?

6 ¿Qué hace Pepe si se le da un pañuelo que no sea de seda?

7 ¿En qué se ha convertido el electrodoméstico para muchas señoras?

8 ¿Hasta cuándo se prolonga la visita dominguera?

9 ¿Qué se entiende por "porque hemos tardado siglos en tener uno"?

10 Según el articulista, ¿por qué habla el español de enfermedades y de comidas?

11 ¿Qué ocurre cuando el español se calla?

Sección Léxico-Cultural

1 Haber _____ quiere decir haber amistad.

2 La expresión _____ se refiere al público cuyos juicios y opiniones no se expresan o no se oyen.

3 Tanto la lavadora como la aspiradora (vacuum cleaner) son _____ .

4 A veces se le llama _____ a la chica que sirve en casa de otro.

5 El bostezo a veces es señal de _____ .

6 Las visitas vienen a vernos los domingos después de la _____ .

7 El alto coste de la vida ha hecho que el español medio viva más _____ de la criada que ella de los señores.

¿De parte de quién?

La gente llama por teléfono cuando tiene que llamar, del mismo modo que acude a una tienda, al despacho de un profesional o a casa de un amigo cuando tiene que hacerlo.

acudir *to come*
despacho *office*

Al descolgar el auricular, la mayoría de las personas pregunta: "¿Diga?" El otro, el que ha llamado, dice entonces: "¿Está el señor Tal?" A tal pregunta no hay más respuesta normal y admisible que la de decir que sí o no. Pero desde hace tiempo, en las casas o despachos de la gente importante y ocupadísima, los secretarios, servidores y parientes, en lugar de responder sí o no, preguntan a su vez: "¿De parte de quién?" Al principio, esta ruptura del curso habitual de unas preguntas y respuestas, sorprendía. Si después decían que no, se podía deducir que el señor Tal tenía catalogadas sus relaciones o su clientela en una escala de valores, según la cual el llamante no alcanzaba el nivel necesario para mantener la atención del señor importantísimo.

descolgar *to pick up*
auricular *receiver*

escala *scale*

Yo tengo un amigo que siempre se había negado a decir quién era sin que antes se le dijera si el llamado estaba o no estaba. Le parecía ofensiva la pregunta, algo así como si del timbre de su voz dedujeran sospechas de carácter moral o higiénico. La primera, la única vez que respondió y luego le dijeron que el señor no estaba, protestó colérico: "Entonces, ¿qué necesidad había de preguntarme quién soy?" A partir de aquel momento, al decírsele "¿De parte de quién?", mi amigo insistía: "Primero, dígame usted si está o no está." Y si el otro defendía sus posiciones, se produjo una disputa que concluía con el corte malhumorado de la comunicación.

timbre *tone*
deducir *to infer*
colérico *angrily*

Pero desde hace poco, mi amigo practica una fórmula más amena. Para la pregunta "¿De parte de quién?", tiene un repertorio de respuestas adecuadas a las vanidades y a las ilusiones y temores profesionales de la persona llamada, y contesta, con la entonación autoritaria o amable del caso: "De parte del Alcalde", o del Gobernador Civil, el Obispo, la Jefatura de Policía o el conde de esto o de lo otro.

—Y entonces— dice mi amigo, —te imaginas la emoción del llamado, cogiendo el auricular para decir con voz calculada y meliflua: "¿Diga, señor marqués?"

melifluo *mellifluous, honeyed*

Adaptado de Ramón Carnicer, "¿De parte de quién?", *Las personas y las cosas*, Barcelona, Ediciones Península, 1973.

Sinónimos

_____ colérico   a jerarquía

_____ discusión   b disputa

_____ escala   c negarse

_____ rehusar   d enojado

Cuestionario

1 Al descolgar el auricular, ¿qué suele preguntar el español medio?

2 Como contestación a la pregunta: "¿Está el señor Tal?", ¿qué preguntan a su vez las secretarias y demás oficinistas?

3 ¿Qué supone una contestación negativa?

4 Por parecerle ofensiva la pregunta, ¿en qué insistía el amigo del articulista?

5 ¿Cuál es la fórmula que emplea el amigo?

Sección Léxico-Cultural

1 Hablar con voz *mandona* quiere decir hablar de una forma _____ .

2 La _____ se refiere a la salud pública o la personal.

3 Después de descolgar el aparato, el que llama _____ el número.

4 Le conviene al dueño de un comercio atender bien a su _____ .

5 Tanto Madrid como Barcelona cuentan con una bolsa de _____ .

CHRISTMAS
Liquidamos existencias. Cualquier cantidad. Teléfono 259 71 34

Los christmas

Hubo un tiempo en que las felicitaciones escritas de Navidad se limitaban a parientes y amigos geográficamente alejados, y consistían en cartas o en tarjetas de visita. Pero no mucho antes de nuestra guerra civil, ciertos caballeros que vinculaban a Inglaterra todas las elegancias, empezaron a encargar de aquel país unas cartulinas dobladas en cuyo exterior aparecía el grabado de una diligencia o de un cuadro de costumbres, y en cuyo interior figuraba impresa una leyenda que casi nadie entendía: *Merry Christmas*. Concluida la guerra, el christmas se nacionalizó y extendió progresivamente, en sincronismo con el aumento de los comestibles y la generalización de las pagas extraordinarias, hasta llegar a la abrumadora variedad de precios y dimensiones con que lo vemos hoy en las papelerías.

En rigor, nada habría que objetar a esta zarabanda postal. Pero hay en ella un elemento diferenciador que engendra incontables resentimientos. Porque mediante los christmas, el felicitante expresa de manera categórica, física, dimensional, la amistad o el interés con que se siente ligado al receptor del mensaje. Desde el christmas enorme con reproducciones góticas o barrocas hasta el christmas minúsculo y de una sola hoja con una campanilla o un angelito portador de una vela, hay toda una tangible valoración que lleva al corresponsal poco afortunado a la cruda evidencia de lo poco que significa para los demás, y a quien, para remate, puede ocurrirle que al visitar a un amigo haya de sufrir la amargura de ver encima de un mueble o colgado de una cinta un christmas espléndido y costoso enviado por la misma persona que le mandó a él uno de campanilla o de angelito. Pero todavía caben más posibilidades deprimentes. Son las puestas en acción por quienes felicitan las Pascuas a las personas para ellos poco interesantes con una tarjeta de visita, verdadero agravio para quien antes se adelantó con un christmas. Y no hay más remedio que mencionar al pobre diablo que aprovecha, para los amigos de segunda categoría, los christmas sin firma recibidos el año anterior, o que corta la hoja firmada y manda la otra, la portada, es decir, medio christmas; o al bellaco que dos años después de mudarse de casa felicita a sus relaciones menos brillantes con una tarjeta de visita en que la dirección antigua ha sido tachada de un plumazo.

En fin, los christmas nos han forzado a un burocratismo ridículo y han introducido unas categorías financieras, amistosas y sociales inexistentes en los tiempos de la carta y de la uniforme y comunal tarjeta de visita.

Adaptado de Ramón Carnicer, "Los christmas", *Las personas y las cosas*, Barcelona, Ediciones Península, 1973.

vincular a to associate with
encargar to order
cartulina smooth cardboard
grabado engraving
diligencia stagecoach
cuadro de costumbres typical scene
en sincronismo con concurrent with
paga extraordinaria bonus
abrumador overwhelming
zarabanda activity
engendrar to create
ligar to bind
para remate to top it off
amargura bitterness
caber to remain

agravio offense
adelantarse to get ahead of

bellaco scoundrel

tachar to strike (cross) out

existencias stock; goods on hand

Sinónimos

_____ Navidad   a crear

_____ parientes   b recado

_____ terminar   c Pascuas

_____ mensaje   e concluir

_____ engendrar   f familiares

Cuestionario

1 Antiguamente, ¿quiénes se mandaban felicitaciones de Navidad?

2 Descríbanse los primeros christmas.

3 ¿Cómo califica el articulista la gran variedad de precios y dimensiones de los christmas?

4 ¿Qué suele llevar en la portada el christmas humilde? ¿El de lujo?

5 ¿Qué puede causarle amargura a uno?

6 ¿Por qué no quiere uno que se había adelantado con un christmas recibir una sencilla tarjeta de visita?

7 ¿Qué se entiende por "medio christmas"?

8 ¿Qué han introducido los christmas en la vida social española?

Sección Léxico-Cultural

1 La Guerra Civil española acabó en el año _____ .

2 _____ quiere decir extenderse una costumbre por todo el país.

3 Cuanto más grande el christmas tanto más _____ sale.

4 No se entendía la leyenda de los primeros christmas porque estaba escrita en _____ .

5 Los primeros encargos de los christmas se hicieron a _____ .

Otra palabra nueva: "Chequeo"

Nunca como ahora se han popularizado tanto, y en tan poco tiempo, unas palabras, unas expresiones. Parece que nuestras nuevas formas de decir se contagian. Quizá esto tenga un hondo significado. Posiblemente sea consecuencia de esta alienación en la que todos cabalgamos.

Así, los hombres de hoy, hombres que se preparan para ocupar cargos en esta sociedad que quiere ser industrializada, han empezado a pronunciar, hasta el desgaste, expresiones como: "prácticamente", "en principio", "de inmediato", "relativamente", así como otras terminadas en "ción": "producción", "promoción", "capacitación", "planificación", etc. Creo que es éste un lenguaje tecnócrata. Es decir, de nuestro tiempo y de nuestras nuevas formas de vivir. Un lenguaje que saca y populariza, hasta machacar, unas determinadas muletillas. Parece que un hombre que ha estudiado algo de "marketing", o que se ha preparado para estar al frente de una sección en cualquier industria o comercio, parece, digo, que no está bien preparado si no habla así, un poco por esos vocablos que le han enseñado precipitadamente unos profesores, y otro poco empujado por el mal doblaje de los telefilmes que continuamente vemos en nuestra televisión.

Y ahora, para seguir la corriente de expresiones nuevas, aparece otra palabra, de la que ya nos vamos saturando. Esta palabra, "chequeo", va y viene por todas partes. La utiliza una empresa de venta y reparación de automóviles en su publicidad: "¡Lleve su coche a chequeo Barreiros....!" Así dice el anuncio radiofónico, una y otra vez, machaconamente. Por otra parte, en los periódicos, que tantas veces se sigue el lenguaje publicitario, se emplea también constantemente esta expresión. En *Pueblo*, por ejemplo, los que llevan la sección literaria vienen publicando, desde hace meses, un espacio que se titula: "Chequeo a la crítica". En el diario *Madrid*, otra sección se titulaba: "Chequeo al país". Un amigo mío, periodista, al hacer una entrevista a la actriz Elisa Ramírez, tituló así su trabajo: "Chequeo a Elisa Ramírez". Este vocablo se alza, en primera página y en grandes titulares al dos por tres. Me parece que su empleo es producto de este caminar todos a un mismo trote. Se pierde la originalidad. Hablamos y escribimos según moldes. Lo mismo que se traducen, en la América latina, los telefilmes seriados de la América del Norte. Vamos, andamos sobre normas. Nos duele algo discurrir. Centramos las expresiones sobre lo que creemos más avanzado, más de vanguardia, más audaz. Nos parece que, de no hacerlo así, no estamos en el avance y progreso tecnócrata.

cabalgar *to ride (horseback); to parade*

desgaste *exhaustion*

capacitación *training*

machacar *to crush; to harp on a subject*
muletillas *pet word or phrase*

doblaje *dubbing*

alzar *to raise*
al dos por tres *in no time at all*
trote *pace*

discurrir *to reflect*

avance *lead*

Adaptado de Rodrigo Rubio, "Otra palabra nueva: 'chequeo'", *Crónicas de nuestro tiempo*, Madrid, Editorial Cunillera, 1972.

Su salud bien vale un chequeo

ESTE ES NUESTRO CHEQUEO:

- Historia clínica.
- Exploración general.
- Exploración aparato digestivo.
- Metabolismo.
- Electrocardiograma.
- Exploración cardiovascular.
- Exploración pulmonar.
- Pruebas función respiratoria.
- Análisis (28 determinaciones).
- Exploración otorrino.
- Radiología.
- Exploración ginecológica.

EN UN SOLO DIA

ASESORES MEDICOS

Av. Pío XII, 51   Tel. 259 8645

otorrino *pertaining to the ears and throat*

asesor *adviser*

LA SALUD ES IMPORTANTE
CHEQUEO

Esta es la palabra, ya conocida por todos, que nos da a entender el examen exhaustivo efectuado por ocho Especialistas en un mismo Centro y con las instalaciones adecuadas para ello.
Sabido es que mejor es prevenir que curar, y en la actualidad la sociedad es bien consciente de la importancia de la salud del individuo, su repercusión en todos los aspectos de la vida y por ende, la inexcusable responsabilidad del bienestar de la familia que le rodea.
Este Instituto le ofrece el Chequeo Completo, Parcial o Interclinic.

INSTITUTO ESPAÑOL DE RECONOCIMIENTO MEDICO
Avda. Generalísimo Franco, 598, 2.°, 2.ª - BARCELONA-11
(Plaza Calvo Sotelo). Información telfs. 217.94.76 y 217.96.32

por ende *therefore*

IGLESIA en madrid

Lea esta semana

— **CHEQUEO AL SEMINARIO**
Lo que era y lo que quiere ser

— **CRISTO CON OJOS NUEVOS**
La figura de Jesús y su actualidad

DE VENTA EN QUIOSCOS

CHEQUEO A ANDALUCIA OCCIDENTAL

ECONOMICA

Mesa política
con
Fraga
López Rodó
Blas Piñar
Tierno Galván

EL CHEQUEO *FAE*
A LA CONSTRUCCION
NO SUPONE GASTOS
Controla, economiza, fiscaliza, supervisa, descubre calidad y autenticidad de costes.
Infórmese: FAE — Tels. 2702414-2701207

fiscalizar *to inspect; to investigate*

BECAS DE MARKETING
Patrocina la Cámara Irlandesa de Comercio y Cultura
Información e instancias en METROPOLITAN INSTITUTE, calle del Prado, 18. Teléfono 232 87 50

beca *scholarship award*
patrocinar *to sponsor*
instancia *application*

CHEQUEO A LA PRENSA IBEROAMERICANA

— No desacredite sus productos con mensajes chabacanos. Se lo sugiere el Centro Español para la defensa del Idioma Publicitario.

chabacano *lacking in taste*

envase *container; packing*

— El buen lenguaje es el mejor envase de los productos. Es un mensaje del Centro Español para la defensa del Idioma Publicitario.

NUEVO CENTRO DE CHEQUEO MEDICO

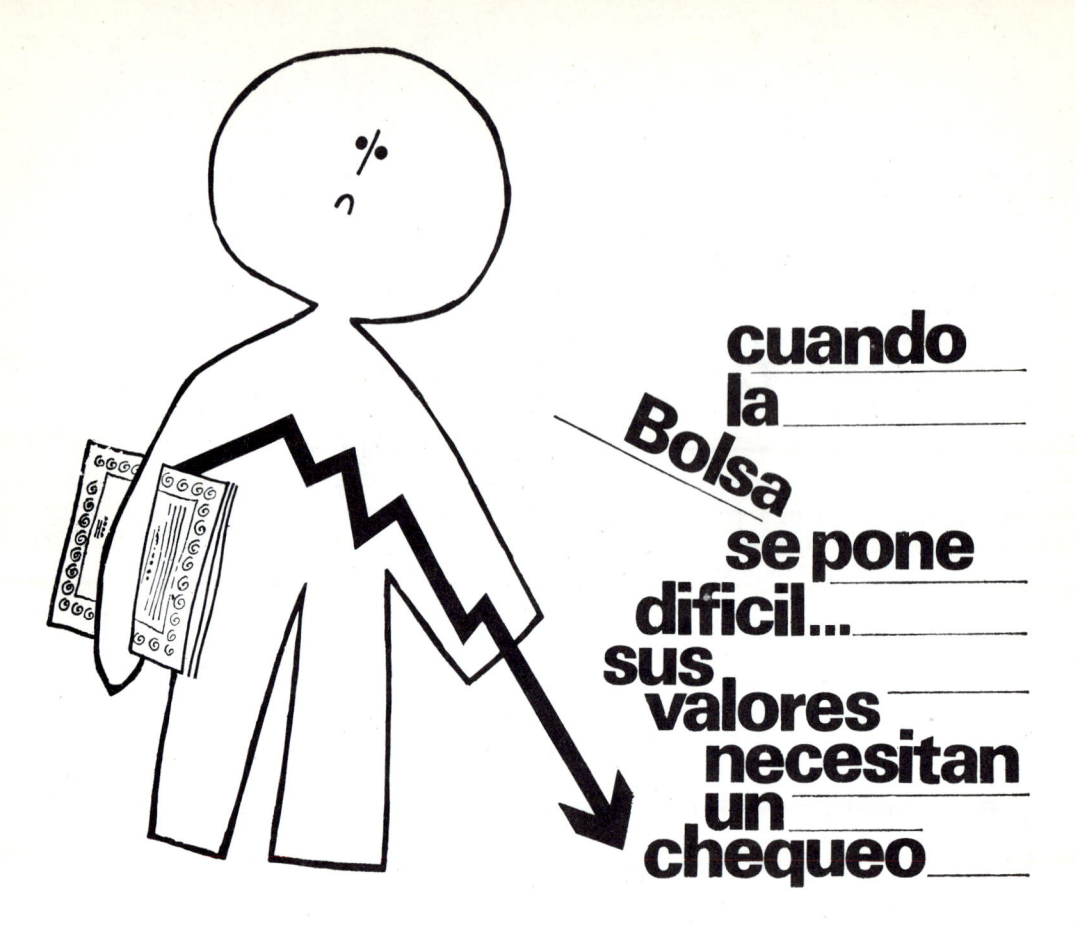

cuando
la
Bolsa
se pone
difícil...
sus
valores
necesitan
un
chequeo

bolsa *stock market*

valores *stocks; securities*

Sinónimos

_____ utilizar   a innovador

_____ hondo   b dirigir

_____ vocablo   c palabra

_____ cargo   d puesto

_____ estar al frente   e profundo

_____ saturar   f hartar

_____ repetidamente   g emplear

_____ de vanguardia   h machaconamente

Cuestionario

1 Según el ensayista, ¿a qué se debe la popularización y el contagio de tantas nuevas palabras y expresiones?

2 ¿Quiénes suelen valerse más de estos vocablos?

3 ¿Cómo califica Rubio el lenguaje de nuestro tiempo?

4 ¿Qué factores han contribuido al lenguaje del tecnócrata?

5 ¿En qué sentidos se está empleando la palabra "chequeo"?

6 ¿Qué entiende el articulista por la expresión: "de este caminar todos a un mismo trote"?

Sección Léxico-Cultural

1 Ser _____ significa hacer un papel de liderazgo en un campo.

2 En el seminario se preparan los futuros _____ .

3 Las _____ se conceden a los estudiantes que prometen mucho.

4 El "nuevo" vocabulario responde a las necesidades de una sociedad _____ .

5 *Empresa* quiere decir _____ o firma.

Cuestiones Gramaticales

Complete las siguientes frases según el modelo.

Modelo: Los christmas han _____ (presentado, introducido) unas categorías financieras y sociales inexistentes anteriormente.

Los christmas han introducido unas categorías financieras y sociales inexistentes anteriormente.

1. El novelista ha _____ (introducido, presentado) unos elementos estilísticos muy interesantes en sus obras.
2. Quisiera _____ (introducirte, presentarte) a mi novia, Claudia.
3. El turismo ha _____ (presentado, introducido) unas costumbres exóticas antes inexistentes en la España católica.
4. El señor _____ (introdujo, presentó) Julio a Pilar.
5. Quería _____ (presentar, introducir) unos pasos folklóricos en la segunda parte del ballet.

¡Las Cosas Claras!

Las señoras españolas de la clase media ya no hablan tanto de criadas en sus saraos y en las cafeterías de lujo. Prepare una charla en que Ud. explique los motivos del reducido número de empleadas de hogar en las casas españolas.

Appendix

In this section, suggested responses to the exercise *Sección Léxico-Cultural* are provided. Responses that are equally acceptable are separated by a semicolon *(conservarlo; guardarlo)*. In sentences requiring more than one response, these responses are separated by a slash *(leer/escribir)*. Occasionally, a question can be answered in a variety of ways. In most cases, only one possible solution is provided. The following responses should not be viewed as prescriptive or definitive. In many instances, they serve only as a guide to the student and should be regarded merely as suggestions.

1
Spanish Show

1 altas; calurosas (calorosas)
2 frío
3 sepelio
4 esperanza
5 Naciones Unidas
6 conservarlo; guardarlo
7 Sol
8 primer curso

3
Diversiones y pasatiempos

Fotonovela

1 nada
2 común
3 enfermera

El tiempo libre y el ocio

1 industrializados; desarrollados
2 invierte
3 jornada
4 trabajar
5 dos
6 disfruta
7 década

4
Noticiario

El mercado de antigüedades

1 maestra
2 antigüedades
3 coleccionista
4 antepasados

5
El español medio

Don Domingo

1 domingo
2 suegra
3 de sol; ahumadas
4 calvo
5 agosto
6 puertas

Las noches de Madrid

1 panadería; tahona
2 resignarse
3 de guardia
4 partos
5 reconocer; examinar

7
El coste de la vida

Aceituna: En manos americanas

1 sur
2 ginebra
3 lujo
4 nivel; medio
5 diez
6 tasa
7 vinos

"Operación Retorno"

1 vacaciones; veraneo
2 alimenticios
3 previsiones
4 escolares
5 transporte
6 subir
7 taquillas

8
Asuntos Exteriores

Relato de un viaje a la vendimia francesa
1 Red/Ferrocarriles
2 Andalucía
3 vendimia
4 vagones
5 Irún
6 misa
7 emigrante; vecino
8 gitanos

Cuba para principiantes
1 México
2 La Habana
3 Estados Unidos
4 Batista
5 Florida
6 Kennedy
7 folklore
8 leer/escribir
9 rodeado
10 water closet

Las exportaciones
1 traje de baño
2 dos
3 tinto; rojo
4 México
5 Marruecos
6 exportaciones

9
Los deportes y la fiesta brava

Cosas del fútbol
1 marca
2 corrida de toros
3 taller
4 clientes
5 cobrador
6 aficionados

La magia del Rey revivió en USA
1 es negro y es el futbolista mejor conocido del mundo
2 el Brasil
3 exportación
4 Edson Arantes do Nascimento
5 equipo
6 habilidad y destreza

Los millones del fútbol
1 despachan; venden
2 abastecer; satisfacer
3 piscina; alberca
4 deportista
5 exigente

Mari Carmen Valero: La mejor gacela española
1 gacela
2 Olimpiada
3 deportes
4 círculo social
5 empujar
6 obsesión

El "Niño de la Capea": Niño prodigio del toreo
1 tarde
2 Sevilla; la Maestranza
3 cogida; muerte
4 paseo; paseíllo
5 escalafón
6 entendidos
7 apoderado

10
El turismo

¡Ojo al turismo!
1 en bañador; casi desnudo
2 Galicia
3 Inquisición
4 turismo
5 hostelería
6 se alquila

Las postales
1 Castilla la Vieja
2 polución; contaminación
3 correos
4 caza
5 Pepe/Paco

Chinches en el hotel
1 reclamaciones
2 anomalía
3 medidas
4 sábanas
5 cara
6 Cataluña

11
La educación

Uniformes / ¡Queremos profesoras jóvenes!
1 Estado
2 escolar
3 obligatorio
4 Universidad; Escuela Normal
5 maestra
6 religioso
7 alfabetismo
8 comer

Los mercaderes de la educación
1 México
2 social
3 publicidad
4 presupuesto
5 ministerio
6 peso
7 escribir

Normas sobre libros de texto
1 ministro
2 pedagogía
3 hermanos
4 interesado

Los males de nuestra universidad
1 agoniza
2 prestigio
3 industrias editoriales
4 tabaco
5 liberales
6 diagnóstico

Los gastos escolares y el presupuesto familiar
1 preescolar
2 estatal
3 encuesta
4 tertulia
5 universidad

12
¡Hay que ganarse la vida!

Las azafatas también tienen sus trucos
1 Colombia
2 media
3 azafata
4 Chile

Una llamada a los inventores
1 novedad
2 consumo
3 oriental
4 Europa
5 perjudical
6 Valencia

Taxista: Profesión maldita
1 tráfico
2 comida
3 jornada
4 aire
5 ocio
6 estímulo; peligro
7 peligroso; imprudente
8 caro

Se organizan los empleados de hogar
1 personal doméstico
2 baja
3 provincias
4 criada; sirvienta

13
La comida

No sólo de pan vive el hombre
1 policía
2 freír
3 privan
4 churro
5 vela
6 churrería
7 extranjero
8 favor

El vino y las nuevas generaciones
1 bajo; reducido; módico
2 Rioja
3 caña
4 moda
5 bodega
6 tinto
7 pagos

Gastronomía y volante: ¡No a los platos típicos!
1 fuerte; nutritino
2 típico
3 paella
4 desayunar
5 verduras; legumbres
6 nutrición
7 agua
8 cena

14
Watergate en la prensa española
1 1974
2 1972
3 responsabilidad
4 trauma
5 tragedia
6 *Washington Post*

15
Cosas del idioma

El blablablá
1 confianza
2 la mayoría silenciosa
3 electrodomésticos
4 "chacha"
5 aburrimiento; cansancio
6 comida
7 pendiente

¿De parte de quién?
1 autoritaria
2 higiene
3 marca
4 clientela
5 valores

Los christmas
1 1939
2 Nacionalizarse
3 caro; costoso
4 inglés
5 Inglaterra

Otra palabra nueva: "Chequeo"
1 de vanguardia
2 curas; sacerdotes
3 becas
4 tecnológica; industrializada
5 compañía; casa

Vocabulario

A
a to; in; into
abajo below; down
abandonar to abandon
abanico fan
abierto open (*pp of* **abrir**)
abolir to abolish
abordar to board
aborrecer to hate
abrazar to embrace; to hug
abrazo embrace; hug
abrigo overcoat
abrir to open
absurdo absurd
abuela grandmother
abuelo grandfather
aburrido boring
aburrimiento boredom
aburrir to bore
abuso abuse
acá here
acabar(se) to finish; to be over
acabar de to have just
acaso perhaps
accidente accident
aceite oil
aceituna olive
aceptar to accept
acercarse to approach
acertar to be correct, be right
acompañar to accompany
acostarse to go to bed
actuación performance
actual current, present
actualmente currently, presently
actuar to act; to perform
acudir to come; to go

acumular to accumulate; to pile up
acusar to accuse
además besides
adiós good-bye
adivinar to guess
adjetivo adjective
admiración admiration
admitir to admit
¿adónde? where?
adoptar to adopt
adquerir to acquire
aduana customs
adulto adult
advertir to warn
aeropuerto airport
afeitarse to shave
aficionado fan
afortunadamente fortunately
ágil agile
agitar to excite
agradable pleasant
agradecer to be grateful, appreciate
agrado pleasure; liking
agravar to make worse
agregar to add
agricultor farmer
agua water
ahí there
ahora now
ahorrador frugal; prudent
ahorrar to save
aire air
aire libre, al outdoors
aislado isolated
al + inf. upon, on
alcalde mayor
alcance, al within reach of

alcanzar to achieve; to reach
alegrarse de to be pleased or happy
alegre happy
alegría happiness
alejado distant
algo something
alguien someone
algún, alguno some, any
alimentar to feed, nourish
alimenticio pertaining to food
alimento food
alma soul; person
almacén department store; warehouse
almagama combination, blend
almohada pillow, cushion
almorzar to have lunch
almuerzo lunch
alojamiento housing, lodging
alquilar to rent
alquiler, de for rent
alrededores vicinity; neighborhood
alto tall, high; stop
altura height; quality; prestige
aludir to allude, refer
alumno pupil
allá, allí there
ama lady of the house; owner
amable friendly; kind
amante lover
amargo bitter
amarillo yellow
ambiente atmosphere
ameno pleasant
amigo friend
amistad friendship; friend
amistoso friendly
amoroso affectionate
ampliar to broaden
anaranjado orange-colored
anciano old, ancient; old man
ancho wide, broad
andar to walk; to go
angelito angel; small angel
angustiado anguished
animal animal
animarse to resolve to do something

aniversario anniversary
anoche last night
anomalía anomaly, irregularity
ansioso anxious; desirous of
ante before; in the presence of
antemano, de beforehand
antepasado ancestor
antes (de) before
antiguo old, antique
antipático disagreeable
anunciar to announce; to advertise
anuncio ad; announcement
añadir to add
año year
apagar to put out, turn off
aparcamiento parking lot or garage
aparcar to park
aparecer to appear; to seem
apartamento apartment
apasionado fervent, passionate
apenas hardly
aprender to learn
aprovechar to take advantage of
apuro worry; predicament
aquel that
aquí here
árbol tree
arduo difficult, arduous
arena sand
argumentar to argue (with logic)
armar (se) to produce; to cause
arte art
artesano craftsman, artisan
artículo article
artrosis arthrosis
arreglar to arrange; to repair
arreglo solution
arriba up; above
arriba abajo, de from top to bottom
arroz rice
asegurar to assure; to secure
así thus
asistente person in attendance
asistir to attend
asombro astonishment
asombroso amazing, astonishing
aspecto aspect

aspirante candidate
asumir to assume
asunto matter; subject
asustar to frighten
ataque attack
atención attention; courtesy
atender to wait on; to attend to; to help
atrás behind
atravesar to cross, go through
atribuir to attribute
aumentar to increase
aumento increase
aún still, yet
aunque although
ausente absent
autobús bus
autocrítico self-critical
automóvil car
autor author
autoritario authoritative; authoritarian
auxilio aid, assistance
avanzado advanced (*pp of* **avanzar**)
avenida avenue
avión plane
avisar to inform; to warn
aviso notice; warning
ayer yesterday
ayuda help
ayudar to help
ayunar to fast
azúcar sugar
azul blue

B

bachiller high school diploma holder
bailar to dance
baile dance
bajar to lower; to get down
bajo short; under
balanza scale
balcón balcony
balón ball
banco bank; bench
bañarse to bathe
bañista bather
baño bath
baño, cuarto de bathroom
barato cheap
barba beard; chin
bárbaro crude
barco boat, ship
barrio neighborhood; district
base air base; basis
base de, a by means of; consisting of
básquetbol basketball
bastante enough
batalla battle
batazo blow
batir to beat; to defeat
baúl trunk
beber to drink
bebida drink; drinking
béisbol baseball
belleza beauty
bendición blessing
besar to kiss
beso kiss
bestia beast
biblioteca library
bicicleta bicycle
bicho insect, bug
bien well
bienestar welfare; comfort
biftec steak
bigote mustache
billete bill (money); ticket
blanco white
blusa blouse
boca mouth
boda wedding
boleto ticket
bolsa handbag
bolsillo pocket
bombero fireman
bonito pretty
borrar to erase
bosque forest, woods
bostezar to yawn
botones bellboy
bozal muzzle
brazo arm

brillante brilliant, shining
brillar to shine
broma joke
bronca dispute, quarrel
bruma fog; mist
buen, bueno good
buena hora, en soon, presently
burdel brothel
burocratismo bureaucracy; categorization
buscar to look for
butaca armchair

C

caballo horse; horsepower
caballo, montar a to ride horseback
caber to be fitting; to fit
cabeza head
cabo de, al at the end of
cada each
cadáver body; cadaver
cadena chain
caer(se) to fall; to fall down
café coffee; coffee-colored
cafetero coffee grower
caída fall
caja box; cashier
cajetilla pack; package
calcetín sock
calidad quality
caliente hot
calificable capable of being called
calor heat
calor, hace it is hot (weather)
calor, tener to be hot
calzado footwear
callar(se) to be silent, keep quiet
calle street
cama bed
cámara camera; chamber
camarero waiter
cambiar to change
cambio change; exchange
cambio, en on the other hand
caminar to walk
camino road; highway

camisa shirt
campaña campaign
campanilla small bell
campeonato championship
campesino peasant
campo countryside; area; field
canal canal; channel
canasta basket
cansado tired
cansarse to become tired
cantar to sing
cantidad quantity, amount
caña de azúcar sugar cane
capaz capable
capota hood; roof (of a car)
cara face
carácter character; type
¡caramba! my goodness!
cardíaco cardiac; heart
carga load; burden
cargo position
carne meat; flesh
carnet identification card; license
carta letter
cartera wallet; briefcase
cartero letter carrier
carrera career; race; profession
carretera highway
carro cart; car
casa house
casa, en at home
casarse to get married
cáscara shell
casi almost
castaño brown
castañuelas castanets
castillo castle
casualidad accident; chance
catalogar to catalogue; to arrange
catedral cathedral
catedrático teacher (university or secondary school)
caza hunting
cazador hunter
cebolla onion
celebrar to celebrate
cena dinner

cenar to have dinner
centrar to center; to concentrate
centro center; downtown
cepillar to brush
cerca near
cerca de near
cerebros brains
ceremonia ceremony
cero zero
cerveza beer
cesta basket
ciática sciatica
ciclista motorcyclist
cielo sky; heaven
ciencia science
cierto certain; correct
cierre closing; zipper
cifra figure; number
cine movie
cinta ribbon; tape
cinturón belt
circular to drive (car); to circulate
citado cited (*pp of* **citar**)
ciudad city
claro clear; light; frank
clase class
clave key; solution
clima climate
cobrador bill collector; ticket collector
cobrar to collect; to cash
cocina kitchen; cooking
coche car; carriage
coco coconut
coger to catch; to grasp
coincidir to coincide; to meet
colina hill
colocar to place
combatir to fight
comedor dining room
comenzar to begin
comer to eat
comerciante shopkeeper
cometer to commit
comida meal
como like; as
¿cómo? how?

cómodo comfortable
compañero companion
compañía company
compatriota countryman
competidor competitor; competing
completo complete; full
composición composition
comprar to buy
compras, ir de to go shopping
comprender to understand; to consist of
comprobar to prove
compuesto consisting of (*pp of* **componer**)
con with
conceder to grant; to give; to attach
conde count
conductor driver
conferencia lecture; long distance call
confianza confidence, trust
confiar en to trust; to rely upon
confirmar to confirm
conformarse con to conform with; to be satisfied with
confundir to confuse
congreso conference
conjuntos collections
conocer to know, be acquainted with
conocido friend; acquaintance
conocimiento information; knowledge
conquistador conqueror
conquistar to conquer
consciente aware, conscious
consejo advice, counsel
conservar to conserve, keep, retain
constituir to constitute; to consist of
construir to build
consultorio medical office
consumidor consumer
consumir to consume
consumo consumption
contagiarse to infect, become infected
contar to tell; to count
contar con to count on, rely upon

contener to contain
contenido content, contents
contentarse to be content
contento content
contestar to answer
contigo with you
continente continent
continuar to continue
contra against
contrario opposite
contrario, al on the contrary
convencer to convince
convencimiento belief, conviction
convenir to be fitting, be appropriate
convento convent
conversar to converse
convertirse to become; to change into
convocar to convoke; to announce; to offer
copa glass (wine or liqueur)
copioso abundant, numerous
corazón heart
corbata tie
corona crown; realm
cortar to cut
corte cut; interruption
cortejo procession
cortesía courtesy
corto short
correo mail
corresponder to correspond
corrida bullfight
corriente current; wave
corromper to corrupt
cosa thing
cosechar to harvest
costa coast
costar to cost
costoso expensive, costly
costumbre custom
crecer to grow
creer to believe
crema cream
cría brood
criada maid
criatura child, infant

cruzar to cross
cuaderno notebook
cuadra block (of buildings)
cuadritos, de checked (fabric)
cuadro painting
cual, ¿cuál? which; which?
cualquier any
cuando, ¿cuándo? when; when?
¿cuánto? how much?
cuanto antes as soon as possible
cuanto, en as soon as
cuanto a, en as for, as to
cuarto room
cuarto fourth
cuarto de baño bathroom
cubrir to cover; to pay; to coat
cuchara spoon
cuchillo knife
cuero leather
cuerpo body; corps
cuestión question; matter
cueva cave
cuidado care, carefulness
cuidar to care for
culpabilidad blame; responsibility
culpar to blame
cultivar to grow
culto cult; religion; educated
cumpleaños birthday
cumplir to fulfill; to turn
cuna cradle
cura priest
cursillo short course

CH

chaqueta jacket
charlar to chat, talk
chequeo check-up, examination
chico boy; small; short
chocar to collide; to shock
choque collision; shock

D

dañar to damage, injure
dar to give

dar a conocer to make known
dar a luz to give birth; to bear
dar golpe to knock (on a door)
dar guerra to bother, trouble, annoy
dar lugar a to give cause to
dar un paseo to take a ride or walk
datar to date from
de from; of
deber to owe; to be due; to ought to
debidamente properly, appropriately
débil weak
debilidad weakness
decidido decisive, confident
decidir to decide
décimo tenth
decir to say, tell
decreto decree; law; regulation
dedicar to dedicate; to devote
dedo finger
defecto defect; weakness
defender to defend
definir to define
degenerar to generate, deteriorate
dejar(se); dejar de to allow, let; to stop
del of the
delgado slim, thin
demás the others; rest
demasiado too much
demonio devil
demostrar to show, demonstrate
denominar to name, call
denotar to denote; to suggest
dentista dentist
dentro de within, inside
denunciar to report; to denounce
deporte sport
deportivo sport; sporting
deprimente depressing
derecha, a la to the right
derecho right; privilege
derecho adj. right
desacreditar to discredit, disgrace
desafortunado unfortunate
desaparecer to disappear
desarrollar to develop
desayunar to have breakfast

desayuno breakfast
descansar to rest
descanso rest
descontento displeasure
descortés discourteous, rude
describir to describe
desde since
desde luego naturally, of course
desear to want, wish
deseo wish, desire
desfile parade
desgraciadamente unfortunately
desgraciado unfortunate
desierto desert
despacio slow
despertar to awaken
despertarse to wake up
después after; afterward
después de after
destinar to employ; to assign
destino destination
detallado detailed
detenerse to stop
detestar to detest, dislike
detrás, detrás de behind
devolver to return
devoto devout
día day
diablo devil
diálogo dialog
dialecto dialect
diamante diamond
diario newspaper; daily
días, todos los every day
dibujo sketch, drawing
diccionario dictionary
dictado dictation
dicho aforementioned
diente tooth
diferenciador differentiating, distinguishing
diferente different
difícil difficult
dificultad difficulty
dificultar to make difficult
¿diga? Hello! Who's calling?
dinero money

dios god
diputado legislator, representative
dirección address; direction
directamente directly
dirigirse to go to or toward
disco record
disculpa excuse, apology
disminuir to diminish
disparar to shoot; to hit
dispensar to excuse
disponer de to have at one's disposal
dispuesto prepared (*pp of* **disponer**)
distancia distance
distinto different
diversión recreation, amusement
divertirse to enjoy oneself
doblar to fold; to turn
dólar dollar
doler to ache
dolor ache, pain; grief
domicilio home; address
dominar to master
don title of respect (masculine)
donante donor
donde, ¿dónde? where; where?
doña title of respect (feminine)
dormir to sleep
dormitorio bedroom
duda doubt
duelo mourners; mourning
dueño owner
dulce sweet; candy
durante during
durar to last
duro hard

E

e (y) and
ecuador equator
echar to throw; to throw away
edad age
edición edition
edificio building
educar(se) to educate; to bring up; to train
efectuarse to take place

eficacia efficacy
eficiencia efficiency
ejemplo example
ejemplo, por for example
ejercer to exercise, practice
ejercicio exercise
electrodoméstico household appliance
elevado elevated, high
embajador ambassador
embarazoso embarrassing
embargo, sin nevertheless
emisión broadcast
empatar to tie
empezar to begin
empleado employee
empleo job, employment
empresa company, firm; undertaking
empujar to push; to encourage
en in; inside
enamorado in love
encallejonado stuck (between parked cars)
encender to light; to turn on
encima on top of; over; on one's person
encontrar to find; to meet
enemigo enemy
energía energy
enfermedad sickness
enfermera nurse
enfermo sick
en frente de in front of; opposite
engañoso deceptive
enojado angry
enojarse to become angry
enorme enormous
ensalada salad
enseñanza teaching
enseñar to teach; to show
entender to understand
enterrar to bury
entonces then
entrada entrance; ticket; inning; entrée
entrar to enter
entre between

entregar to turn in, hand over
entrevista interview
entusiasmo enthusiasm
época epoch, period
equipaje luggage
equipo equipment; team
equivocarse to be mistaken
errar to be mistaken, be wrong
esa that
escalera stairs, stairway
escapar to escape; to extend
escaparate store window; showcase
escaso scarcely
escena scene
escolar pertaining to school; school child
escolaridad schooling
escopeta gun, rifle
escribir to write
escrito written (*pp of* **escribir**); document, paper
escuchar to listen
escuela school
ese that
esfuerzo effort
eso that
espacio space; column; article
espalda back
especialidad specialty
especialmente especially
espejo mirror
espera wait
esperanza hope
esperar to hope; to wait for; to expect
esposo husband
esquela death announcement
esqueleto skeleton
esquiar to ski
esquina corner
esta this
estación season; station
estacionamiento parking lot or garage
estadio stadium
estado state; condition
estancia stay

estar to be
estatura stature; reputation
este this; east
estilo style
estilo, por el of this nature (type)
estimar to judge; to think; to consider
estímulo stimulus
esto this
estrecho narrow; strait
estrella star
estreno debut
estudiante student
estudiar to study
estudio(s) study; studies
estupendo stupendous
etapa stage; period
eterno eternal
evitar to avoid
exactamente exactly
exacto exact
exagerar to exaggerate
examen exam
examinar to examine; to test
excelente excellent
excepto except
exigencia requirement; demand
exigente demanding
exigir to require; to demand
exilio exile
existencias stock on hand, goods
éxito success
explicar to explain
extender to extend
extraer to extract, pull out
extranjerizar to make foreign sounding
extranjero stranger; foreigner
extraño strange; stranger

F

fabricación manufacture
fabricar to manufacture; to create
faceta facet
fácil easy
facilidades opportunity; facility, gift

factoría factory
falda skirt
falta lack; error
faltar to be lacking, missing
falto de lacking
fallecer to die
familia family
familiar pertaining to the family, relative
famoso famous
faraona pharaoh (female)
fatiga fatigue
favor, por please
favorito favorite
fecha date
felicidades congratulations
felicitaciones greetings
felicitar to congratulate; to greet
feliz happy
feo ugly
fértil fertile
festejo celebration; event
festivo holiday
fiesta holiday
figura figure; face
figurar to figure; to appear
fijar to set; to fix
fijo fixed
filete fillet (meat)
fin end; purpose
fin, por finally
financiero financial
fino fine; delicate; refined
firma signature; firm, company
firmeza firmness
físico physique; physicist
flor flower
fomentar to create; to encourage
forma form
formar to form
formular to formulate
forzarse to force; to be forced
forzoso necessary
foto photo
fotografía photograph
fracaso failure
frase sentence

frecuencia frequency
frecuentemente frequently
freír to fry
frente a facing; as opposed to
frente de, al at the head of; directing
fresco fresh; cool; insolent
fresco, hace it is cool (weather)
frijol bean (Mexico)
frío cold
frío, hace it is cold (weather)
frito fried
frontera border
fruta fruit
fuente source; fountain
fuera outside; off
¡fuera! get out!
fuerte strong
fuerza force, strength
fumar to smoke
funcionar to work; to operate
fundar to found, establish; to base
furioso furious
fútbol soccer

G

ganar to earn; to win
garaje garage
garganta throat
gasolina gasoline
gastar to spend
gasto expense, cost
gato cat
gemelo twin
generalmente generally
generar to generate; to create
gente people
geografía geography
gitano gypsy
gobierno government
golpe blow
gordo fat
gracias thanks
grado degree
gramática grammar
gran, grande great; large
grasa fat; grease

gratificar to pay; to reward
gratuito free
grave serious
gritar to shout
grito shout, cry
grosería rudeness
grupo group
guantes gloves
guapo handsome
guerra war
guitarra guitar
gustar to like, be pleasing
gusto taste; pleasure

H

haber to have
habilidad skill, facility
habitación room; hotel room
habitante inhabitant
hablar to speak
hace buen tiempo it is good weather
hacer to do; to make
hacer cargo de to take charge of
hacer una maleta to pack a bag
hacia toward
hacienda ranch
hallar to find
hambre hunger
hambre, tener to be hungry
hasta until
hay there is; there are
helado ice cream
hemisferio hemisphere
herencia inheritance, legacy
herido wounded (*pp of* **herir**)
hermandad brotherhood; sisterhood
hermano brother
hermoso beautiful
héroe hero
hijo son
himno hymn
historia history; story
historial record; case history
hogar home; hearth
hoja leaf; sheet; page
¡hola! hello!

hombre man
hondo deep
honorario fee; tuition; honorarium
honrar to honor
hora hour
horario schedule
horno oven
hostelería hotel industry
hotel hotel
hoy today
hoy día nowadays
hueso bone
huevo egg
humanizar to personalize; to humanize

I

idéntico identical
idioma language
iglesia church
ignorar to be unaware (ignorant) of
igual equal, same
igual, por equally
igualador equalizing, leveling
igualar to compare; to equal
igualmente similarly, likewise
ilusión illusion; hope; aspiration
ilusionar to hope; to be driven by
imagen image
imaginarse to imagine
imitar to imitate
impenitente unrepentant
imperio empire
impermeable raincoat
implicar to imply; to implicate, involve
imponer to impose; to require
importancia importance
importante important
importar to matter
imposible impossible
impresionante impressive
impresionar to impress; to be impressive
impreso imprinted; printed; printed sheet

improvisar to improvise
incertidumbre uncertainty
incluir to include
incluso including
incontable countless, innumerable
incorporarse to join
inculcar to instill; to impress
independencia independence
indicar to show, point out
índice index; rate
indígena Indian; indigenous
indignarse to become indignant, angry
indio Indian
indiscriminador non-discriminatory
individualizarse to individualize
indudable undeniable
industria industry
inesperado unexpected
infierno hell
influencia influence
ingeniero engineer
ingerir to ingest, take food
ingreso income
iniciar to begin, commence
inmediatamente immediately
inmediato, de immediately
inquietud uneasiness, restlessness
inscribirse to register; to sign up
inserto inserted
insistir to insist
insoportable unbearable
insospechado unsuspected; unexpected
instalar to install, set up; to hang up
instrumento instrument
íntegramente completely
integrante integral
inteligente intelligent
intenso intense; steady
intentar to try
intercambio exchange
interés interest
interesado interested (affected) person
interesante interesting
intoxicación poisoning

introducir to introduce
invasor invader
invertir to invest
invierno winter
invitar to invite
ir to go
isla island
izquierda, a la to the left
izquierdo left

J

jamás never
jamón ham
jardín garden
jefatura de policía police station; chief of police
jefe chief, boss
joven young; youth
juego game; gambling
jugador player; gambler
jugar to play; to gamble
jugo juice
juguete toy
juicio judgment; opinion
junto together
justo exact; just
juventud youth

L

labio lip
laborioso hard-working, industrious
lado side
ladrar to bark
lago lake
lanzador pitcher (baseball)
lanzar to throw; to issue
largo long
largo, a lo along; during the course of
lástima pity; shame
lástima!, ¡qué what a shame!
lata can; mess
lavadora washing machine
lavar to wash
lavarse to get washed

lección lesson
lector reader
leche milk
lechuga lettuce
leer to read
lejano distant
lejos far, distant
lengua tongue; language
lentitud slowness
lento slow
león lion
letrero sign; poster
levantar to raise
levantarse to get up
leyenda legend; message
libertad liberty
libre free
librería bookstore
libro book
licencia license; permit
licenciado lawyer; graduate degree holder
limitar(se) to limit; to be limited to
limón lemon
limonada lemonade
limpiar to clean
limpieza cleaning
limpio clean
lindo pretty
línea line; figure
liquidar to liquidate
lista list; attendance
listo clever; ready
literatura literature
lo que that which
locuacidad talkativeness
lograr to achieve, succeed in
lucha struggle
luchar to struggle
luego then; later
lugar place
lujo luxury
luna moon
luz light; electricity

LL

llamada call
llamamiento call; appeal
llamante caller
llamar to call
llamarse to be called, be named
llano level; smooth; plains
llanura plains; prairie
llave key
llegar to arrive
lleno full
llevar to carry
llevar a cabo to carry out, realize
llevarse to get along with
llorar to cry
llover to rain

M

machaconamente unceasingly
madera wood
madre mother
madrugada early morning
madurez maturity; ripeness
maestro teacher; maestro
magnífico magnificent
maíz corn
mal, malo bad; ill, sick
maldad evil; wickedness
males ills; evils
maleta suitcase
maleta, hacer una to pack a bag
malgastar to waste
malhumorado ill-humored
mamá mother
mandar to order, command; to send
mando command
manejar to operate; to drive
manera manner
manifestar(se) to demonstrate; to declare
maniobra maneuver; operation
mano hand
mano, de segunda second-hand, used
mantel tablecloth
mantener to maintain; to keep; to engage in

mantequilla butter
manzana apple; block (of buildings)
mañana tomorrow; morning
mapa map
máquina de escribir typewriter
maquinaria machinery
mar sea
maravilla wonder
maravilloso marvelous, wonderful
marca brand; record
marcar to dial; to score (goals)
marco frame
marido husband
marinero sailor
marqués marquis
más more
más, lo de the most important thing
máscara mask
mascota mascot; pet
matar to kill
matemáticas mathematics
materia subject
materno maternal
matrícula tuition fee
matrimonio married couple; wedding
matutino morning; of the morning
mayor older; greater
mayoría majority
media mean, average
mediados de, a in the middle of
mediante by means of
medianoche midnight
medida measure; step; action
médico doctor
medio average; middle; means; method; half
mediodía noon
mejor better; best
mejor, a lo perhaps; as like as not
mejorar to improve, get better
mencionar to mention
menor smaller; younger
menos less; minus
menos, a lo the least important thing
menos, por lo at least
mensaje message

mentir to lie
mentira lie
menudo, a often
mercado market
merecer to deserve
merienda afternoon snack
mes month
mesa table
meseta plateau
mesita night table
mestizo mestizo, a person of mixed blood
meter to put in
metro subway
mezcla mixture
mientras while
mil thousand
milla mile
millón million
millonario millionaire
mina mine
minuto minute
mirar to look at
misa mass
misión mission
mismo same; very; itself
misterioso mysterious
mitad half
moda fashion
moderno modern
modestia modesty
modo means; method
modos, de todos anyway; in any case
mojarse to get soaked
molde mold; pattern
molestar to bother, disturb
molestia discomfort; bother
molesto annoying
momento moment
moneda coin; currency
monosabio bullring attendant
montaña mountain
montar to mount; to set up
montar a caballo to ride horseback
montón a large number of
monumento monument
morado purple

moreno brown; dark
morir to die
moro Moorish; Moor
mostrador counter (in a store)
mostrar to show
motocicleta motorcycle
mover to move
movimiento movement
muchacho boy
muchísimo very much
mucho much; very
mudarse to move; to change
mueble(s) furniture
muerto dead (*pp of* **morir**)
mujer woman; wife
multa fine
multitud crowd
mundial world; world-wide
mundo world
mundo, todo el everybody
muñeca doll; wrist
muralla wall
museo museum
música music
muy very

N

nacer to be born
nacimiento birth
nacionalidad nationality
nada nothing
nadar to swim
nadie no one
naranja orange
nariz nose
natación swimming
naturalmente naturally
Navidad Christmas
necesario necessary
necesitar to need
negar(se) to deny, refuse
negocio business
negro black; black
nervioso nervous
nevar to snow
ni neither

ni...ni neither...nor
nieto grandson
nieve snow
ningún, ninguno none; any
niño boy
nivel level; standard
nocturno related to the night
noche night
nombre name
norma standard; model
norte north
nota note; grade (school)
notar to note; to notice
noticias news
novedad new product; news
novela novel
noveno ninth
novia girlfriend; fiancée; bride
novio boyfriend; fiancé; groom
nuevo new
número number
nunca never

O

o or
obispo bishop
objetar to object
objetivo objective, purpose
obligado required; obligated
observar to observe
obtener to obtain, get
ocasionar to cause, occasion
occidental western
océano ocean
octavo eighth
ocultar to hide, conceal
ocupado occupied, busy
ocurrir to occur, happen
oeste west
oficial official; officer
oficio trade; business; job
ofrecer to offer
oído ear; heard (*pp of* **oír**)
oír to hear
ojo, ¡ojo! eye; careful!; look out!
ola wave; fad

olvidar to forget
oportunidad opportunity; sale
opuesto opposite
oración prayer; sentence
orden order; command
ordenar to order, command
organizar to organize
orgullo pride
oro gold
oscuro dark
otoño autumn, fall
otro other, another

P

paciencia patience
padecer to suffer
padre father; priest
paga extraordinaria bonus (Christmas, Easter)
pagar to pay (for)
página page
país country
pájaro bird
palabra word
pampa South American plain
pan bread
panadero baker
panecillo roll
pantalón pants
pañuelo handkerchief
papa potato; pope
papel paper; role
papelería stationery store
paquete package
para for; to; in order to
paraguas umbrella
parar to stop
parecer to seem
parecido similar; similarity
pared wall
pariente relative
parque park
parte part; behalf
participar to participate; to inform; to share
particular particular; private

partida departure; match
partido match; party
partir to leave, depart
partir de, a from; beginning with
párrafo paragraph
parroquia parish; neighborhood
parroquiano parishioner; customer
pasado past; happened (*pp of* **pasar**)
pasaporte passport
pasar to happen; to pass
Pascuas (de Navidad) Christmas
paseo ride; walk
paseo, dar un to take a ride or walk
pasión passion
pastilla bar (chocolate, soap); tablet; stick
patio patio; interior courtyard
patrón boss, employer; pattern
peatón pedestrian
pecado sin
pedir to ask for
pegar to hit; to stick, fasten
película film; movie
peligro danger
peligroso dangerous
pelo hair
pelota ball
pelotear to play ball
peluquería barber shop; beauty parlor
pena grief; hardship
pensamiento thought
pensante thinking
pensar to think; to intend
peor worse; worst
pequeño small
pera pear
perder to lose
perderse to get lost
perdonar to forgive
perezoso lazy
perfecto perfect
periódico newspaper
periodista reporter; journalist
perjudicar to harm, injure
perjudicial harmful
permanecer to remain

permanencia stay
permanente permanent
permiso permission
permitir to permit
pero but
perplejidad confusion
perseguir to pursue
persona person
personaje character (of a play, comic strip, etc.)
personalidad celebrity; personality
perro dog
pesadilla nightmare
pesado heavy; dull
pesar, a in spite of
pescado fish
peseta Spanish unit of currency
peso Mexican unit of currency; weight
pico beak; peak
pie foot
piedra stone
pierna leg
pimienta pepper
pintar to paint
pintor painter
pintoresco picturesque
pintura painting; paint
piscina swimming pool
pista track; clue; hint
pizarra blackboard
plan plan
planear to plan
planificación planning
plano sector
planta plant; floor
plátano banana
plato plate; course
playa beach
plaza plaza, main square
pleno full
pluma feather
plumazo stroke of a pen
población population
pobre poor; unfortunate
poco little; few
poder to be able to; power; possession

poderoso powerful
policía police; policeman
policíaco pertaining to the police
político political; politician; related by marriage
polo pole
pollo chicken
poner to put, place
poner a punto to repair; to maintain
poner en duda to place in doubt
ponerse to put on
popularizarse to popularize
por through; by; along
porcentaje percentage
por fin finally
por lo visto apparently
porque because
¿por qué? why?
por supuesto of course
portada title page; cover
portador bearer
portarse to behave
portero doorman; janitor
poseer to possess
posesión possession
posibilitar to make possible
posible possible
postal postcard
postre dessert
potable drinkable
prácticamente practically
practicar to practice
precipitadamente quickly, hurriedly
precisamente exactly, precisely
preciso necessary
preescolar preschool
preferir to prefer
pregunta question
preguntar to ask
prenda garment
prensa press; newspaper
preocuparse to worry
preparar to prepare
presentar to introduce
presente present
presión pressure; influence
prestar to lend

prestigio prestige
prestigioso prestigious
pretender to seek; to claim; to hope
prevenir to warn
previo previous; subject to
primavera spring
primer, primero first
principio, en in principle
prisa hurry
privado private; denied (*pp of* **privar**)
probablemente probably
problema problem
proceso case; suit
procurar to try
producción production
producir to produce
producto product
profesor professor
profundidad depth
profundo deep; profound
programa program
prohibición prohibition; traffic sign
prójimo neighbor; fellow human being
promesa promise
prometer to promise
pronto soon
pronunciación pronunciation
pronunciar to pronounce
propietario owner
propio own; himself
propio de characteristic of
proponer to propose
proporcionar to provide; to offer
propósito purpose; goal
protestar to protest
provocar to provoke, cause
proyectar to plan
proyecto project
público public
pueblo town; people
puente bridge
puerta door
puerto port
pues well
puesto place; placed (*pp of* **poner**)

punto point
punto de vista point of view
punto, en sharp
pupitre desk

Q

que that; what
¡qué! what!
¿qué? what?
quedar(se) to remain; to be left
querer to love; to want
querido beloved; dear; loved (*pp of* **querer**)
queso cheese
quien who
¿quién? who?
quinto fifth
quitar to take away
quitarse to take off

R

rápidamente rapidly, quickly
rápido quick, rapid
rato while; short time
raya stripe
raza race; breed
razón reason
razón, tener to be right
real real; royal
realidad reality
realizar to realize
realmente really
recado message
recámara bedroom
receptor receiving; receiver; catcher (baseball)
receta prescription; recipe
recibir to receive
recién recently, newly
recompensa reward
reconocer to recognize; to examine
recordar to remember; to remind
recorrer to go over; to travel
recorrido trip; voyage
recuerdo memory; remembrance, souvenir

205

recuperarse to recover
rechazar to reject
redondo round
reflexión thought; reflection
refrán saying
refresco soft drink
refrigerador refrigerator
regalo gift
región region
regla rule
regresar to return
regular satisfactory
reina queen
reinar to reign, govern
relativamente relatively
relato account; story
reloj watch
remedio recourse; remedy, solution
remoto remote
renta income; rent
rentar to rent
reparación repair
reparar to repair
repasar to review
repente, de suddenly
repertorio repertoire
repetir to repeat
réplica answer; rejoinder
requerir to request; to require; to seek
requisito requirement
resentimiento resentment
reservar to reserve
resfriado cold; chill
resignarse to resign oneself
respetar to respect
respirar to breathe
responder to answer; to be held accountable
respuesta response, answer
restaurante restaurant
restaurar to restore
resto rest
resucitar to revive
resultar to result; to turn out
resumir to sum up
retirada retreat; suspension; withdrawal

retirar to take down; to retire; to withdraw
retiro retirement; withdrawal
retornar to return
retrato portrait
reunión meeting
reunir to gather; to collect
revelar to reveal
revista magazine; review
rey king
rico rich
riesgo risk
rigor, en strictly; in reality
rincón corner
río river
riqueza riches, wealth
ritmo rhythm; pace
robar to steal; to rob
rodear to surround
rogar to beg, plead
rojo red
romance Romance
románico Romanesque
romper to break; to tear
ropa clothing
rosa rose
rosado pink
roto broken, torn (*pp of* **romper**)
rubio blond
ruido noise
ruina ruin
ruptura break; interruption
ruta route

S

sábanas sheets
saber to know
sabio wise
sacar to take out; to derive
sacerdote priest
saco sack
sajón Anglo-Saxon
sal salt
sala room; living room
salir to leave, go out
salsa sauce; gravy

saltar to jump
salto jump, leap
salud health
saludar to greet; to salute
saludo greeting; salute
salvar to save
sanción fine; sanction
sangre blood
sanitario medical; sanitary
sano healthy
santo saint; holy
saturar to saturate
secretaria secretary
secreto secret
secundario secondary
sed thirst
sed, tener to be thirsty
seda silk
seguida, en at once
seguido followed; continued (*pp of* seguir)
seguidor follower; fan
seguir to continue; to follow
según according to
segundo second
seguridad safety; confidence
seguro sure; safe; insurance
selva jungle
sello stamp
semana week
sembrar to sow
sencillo easy, simple
seno breast; auspices
sensible sensitive
sentado seated (*pp of* sentar)
sentar to seat
sentarse to sit down
sentido sense; regretted (*pp of* sentir)
sentir to feel; to regret
séptimo seventh
ser to be; being
seriado serialized
servilleta napkin
servir to serve
servirse de to make use of
serranía mountain range

sexto sixth
si if
sí yes
siempre always
siesta nap
siglo century
significar to mean
signo sign
siguiente following
silencioso silent
silla seat, chair
símbolo symbol
simpático nice
sin without
sincero sincere
sin embargo nevertheless
sinfín multitude; large number
sino but
síntoma symptom
sistema system
sitio place
situado located, situated (*pp of* situar)
situarse to be placed, located
sobre over; envelope
sobrino nephew
sobrio sober, subdued
sociedad society
socio partner; member
sociólogo sociologist
sofá sofa
sol sun
sol, hacer to be sunny
sol, tomar el to sunbathe
solamente only
soldado soldier
solemne solemn
soler to be accustomed to, used to
solicitar to request; to apply
solo alone
sólo only
soltarse to let loose, release
solución solution
sombrero hat
soñar to dream
sopa soup
soportar to support; to tolerate

sorprender(se) to surprise; to be surprised
sospecha suspicion
sospechar to suspect
subida climb; increase
subir to climb; to increase; to rise
suceso event
sucio dirty
sudoeste Southwest
suelo floor; ground
sueño dream
suerte luck; chance
suéter sweater
suficiencia adequacy; self-confidence
suficiente sufficient
sufrir to suffer
sugerir to suggest
sumergir to plunge; to immerse
sumo great; extreme
superlujo great luxury
supermercado supermarket
suplicar to beg, plead
sur South

T

tabaco tobacco; cigarettes
taco taco (Mex. food)
tal such
tamaño size
también too, also
tampoco neither; either
tan as
tanto so much; as much
taquilla box office
tardar to take long in
tarde late; afternoon
tardío late; slow
tarea task; homework
tarjeta card; postcard
tarjeta de visita calling card; visiting card
taurino pertaining to the bullfight
taza cup
té tea
teatro theater

tecnócrata technocratic; technocrat
techo ceiling; roof; limit
tedioso tedious; boring
telefilm TV movie
telefónico telephone
teléfono telephone
tema theme; topic
temer to fear
temor fear
temperatura temperature
temporada season (rainy, football)
temprano early
tenedor fork
tener to have
tener —— años to be —— years old
tener calor to be hot
tener en cuenta to take into account
tener gracia to be amusing
tener que to have to, must
tener razón to be right
tenis tennis
teoría theory
tercer, tercero third
terminar to end
terminar de to finish doing something
territorio territory
tiempo time; weather
tiempo, a on time
tiempo, hacer —— to be —— weather
tienda store
tierra earth; land
tío uncle
típico typical
tipo type; guy
tirar to throw; to throw away; to shoot; to pull
titular head; title
titularse to title; to be titled, named
título degree (university)
tiza chalk
tocar to touch; to play
todavía still, yet
todo everything
tomar to take; to drink; to eat
tomate tomato
tonto foolish

torear to fight a bull
toreo bullfighting
torero bullfighter
toro bull
torpe clumsy
tortilla omelet (*Sp.*); corn or flour pancake (*Mex.*)
torre tower
tostado toast; toasted (*pp of* **tostar**)
trabajar to work
trabajo work
tradición tradition
traer to bring
tráfico traffic
traje suit
traje de baño bathing suit
tranquilamente peacefully
tras behind; after
tratar to try
tratar de to deal with
través de, a through; across
tremendo tremendous
tren train
triste sad
tristeza sadness
trofeo trophy
tronco trunk
tubo tube; pipe
turista tourist
turno shift (work)

U

u (o) or
últimamente recently, lately
último last
único only; unique
unir to join, unite
universidad university
universitario university student
usanza custom; habit
usar to use
uso use; usage
útil useful
utilizar to utilize, use

V

vacaciones vacation
vacío empty
vagón car (railroad, subway)
valer to be worth
valer la pena to be worthwhile
valiente brave
valor value
valoración valuation; appraisal
vamos a let's
vanidad vanity
variedad variety
varios several
varón man; male
vaso glass
vecindario neighborhood
vecino neighbor
vegetal vegetable
vela candle; sail
velar to watch over, be vigilant
velocidad speed
vender to sell
venir to come
venir al caso, no not to be to the point
venir a parar to come down to
venta sale
ventana window
ver to see
veraneante summer vacationer
verano summer
veras, de really
verbo verb
verborrea wordiness; excessive talking
verdad truth; true
verdadero true; real
verde green
vestido dress
vestir to dress
vestirse to get dressed
vez time
vez, a la at the same time
viajar to travel
viaje trip
victoria victory
vida life

viejo old
viento wind
villa village; town
vino wine
violar to violate; to infringe upon
virgen virgin
virtud virtue; attribute
virrey viceroy
visado visa
visita visitor; visit
visitar to visit
vista view; scene
visto seen (*pp of* **ver**)
vivienda house; housing
viviente living; alive
vivir to live
vocablo word
vocabulario vocabulary

voluntad will, determination
volver to return
vuelo flight
vuelta return
vulgar common, ordinary

Y

y and
ya now; already

Z

zapatería shoe repair shop
zapato shoe
zoológico zoo
zurdo left-handed; left-handed pitcher